BIBLIOTHÈQUE CONTEMPORAINE

ÉDOUARD OURLIAC

— ŒUVRES COMPLÈTES —

LES

PORTRAITS

DE FAMILLE

PARIS

MICHEL LÉVY FRÈRES, LIBRAIRES ÉDITEURS

RUE VIVIENNE, 2 BIS, ET BOULEVARD DES ITALIENS, 15

À LA LIBRAIRIE NOUVELLE

1865

ŒUVRES COMPLÈTES
D'ÉDOUARD OURLIAC

———

LES

PORTRAITS DE FAMILLE

LES

PORTRAITS

DE FAMILLE

PAR

ÉDOUARD OURLIAC

PARIS

MICHEL LÉVY FRÈRES, LIBRAIRES ÉDITEURS

RUE VIVIENNE, 2 BIS, ET BOULEVARD DES ITALIENS, 15

A LA LIBRAIRIE NOUVELLE

—

1866

HUBERT TALBOT

HUBERT TALBOT

Que n'avez-vous passé quelques semaines au milieu
de cette vallée, dans la paix et la liberté! Que n'en
avez-vous parcouru tous les sentiers et caressé du
regard et de la pensée tous les sites, tous les recoins,
aux plus doux moments du jour et de la nuit! Vous
trouveriez comme moi que ce pays est le plus beau
du monde, vous souhaiteriez d'y vivre et d'y mourir,
et ces heureuses journées vivraient dans votre mémoire comme un de ces souvenirs brillants qu'on retrouve si clairsemés, quand on est vieux, sur l'uniforme

obscurité de la vie. Que ne connaissez-vous surtout le bon M. Noël, le curé du lieu, et son presbytère un peu écarté du village, une petite maison si paisible, si modeste, si riante, qu'elle répand un air de grâce et de bonheur jusque sur le cimetière qui l'avoisine ! On n'a plus pour ainsi dire regret à la mort qui vous y envoie dormir pour jamais. Il semble qu'on ira seulement demeurer un peu plus près de cet excellent homme. Dans ce cimetière, je vous aurais montré la tombe, à présent cachée sous les herbes, du malheureux que ce récit vous fera connaître. Le souvenir de celui qui repose sous ce gazon vous rendrait surtout ce pays doux et cher. Il l'a consacré par sa vie et par sa mort. Il a laissé partout dans ces paysages comme un parfum d'infortune poétique que j'ai pris plaisir à recueillir.

C'est au cœur de la Bourgogne, à quelques lieues de Dijon. La rivière, côtoyée par une route, traverse à pleins bords la vallée. Sur chaque rive s'élèvent en amphithéâtre, semés d'arbres, tapissés de vignes, des coteaux couronnés de feuillages sombres où perce çà et là quelque cime de roches rougeâtres. Un chemin creux part du bord de l'eau et s'avance en montant à travers les champs, dont la limite est plantée de menus arbres. Le village est au bout, après dix minutes de marche.

On était dans les grands jours, à cette heure du soir où l'on quitte les travaux des champs et que les poëtes ont tant célébrée ; heure pleine de bruits, de rayons, de magnifiques spectacles, et pourtant d'une mélancolie inexprimable. Le soleil se couchait derrière les collines, et ses derniers feux, se brisant sur l'arète des monts, rejaillissaient en quelque sorte plus éclatants et remplissaient encore la vallée. Un reflet rouge embrasait les sommets opposés, les ombres s'allongeaient sur les chemins, une poussière ardent s'élevait sous les pieds des bestiaux qui se pressaient sur la route, faisant sonner en tumulte leurs clochettes fèlées ; les charrettes revenaient comblées de foin, traînées par deux bœufs accouplés le front bas et pesamment couronné par le joug. Des filles suivaient, bras nus, le tablier plein d'herbes, en chantant d'une voix perçante que l'écho renvoyait au loin. Puis venait un paysan qui rentrait en sifflant, son hoyau sur l'épaule ; des chiens aboyaient dans l'éloignement. Tous les chants, tous les bruits, tous les vagues murmures se confondaient avec une triste harmonie dans cette lumineuse et chaude atmosphère.

Sur le bord de la route qui longeait la rivière, s'élevait un tertre couvert d'ombre par un bouquet de peupliers et rafraîchi par un ruisseau qui coulait dans la prairie voisine. Là était assis un jeune homme d'un extérieur singulier. Il était vêtu d'un pantalon de toile, serré d'une ceinture bleue ; sa veste de velours était près de lui par terre ; il portait, un peu incliné sur le front pour se garantir du soleil, un chapeau de paille orné sur le côté d'un gros bouquet de fleurs des champs attaché d'un ruban fané. On entrevoyait là-dessous un visage jeune, d'une expression fine et noble, un teint hâlé mais délicat, deux yeux bleus et une forêt de cheveux roux et touffus ; il tenait un livre sur ses genoux, mais il ne lisait point. Il se retournait par moments et demeurait tout occupé de l'admirable spectacle qu'il avait sous les yeux.

Cependant une troupe de jeunes filles s'avançaient sur la route en babillant. Elles entouraient une charrette où trônait sur les herbes fleuries une de leurs compagnes vêtue avec plus de recherche, et qui semblait la fille d'un gros fermier.

Du plus loin que ces filles virent le jeune homme, elles se turent, et chacune lui dit bonjour en passant.

Le jeune homme leva la tête.

— Tu n'as pas de fleurs, Toinette ?

— Non, Adèle a tout pris aujourd'hui.

Elle montra sur la charrette la jeune fille, abritée ssous son grand chapeau, et qui affectait de ne point cdétourner les yeux.

— Allez, monsieur Hubert, elle a fait un beau bou-cquet, reprit Toinette en riant.

Les filles s'entre-regardèrent d'un air goguenard.

— Allons, donne-le-lui donc, puisque c'est pour lui qque tu l'as fait.

La fille de la charrette sourit avec un mélange de ccourroux et de confusion :

— N'en croyez rien, monsieur Hubert... Qu'elle est ffolle, cette Toinette !.., J'avais cueilli ces fleurs pour mmoi... Si elles vous font plaisir, les voilà.

Elle lança à tour de bras un bouquet qui alla tomber aaux pieds du jeune homme ; on poussa des cris de jcoie ; le jeune homme remercia d'un geste et respira l'!odeur du bouquet ; la jeune fille se retourna ravie et riant encore.

— Bonsoir, monsieur Hubert, dirent les filles. — Elles rejoignirent la charrette, qui marchait toujours.

Pendant que cela se passait, une cavalcade que per-sconne n'avait encore aperçue s'avançait à petits pas derrière la charrette, à travers des flots de poussière. Une femme jeune, en habit de chasse, marchait la première, fièrement montée sur un cheval impatient. Elle avait vu toute la scène et tenait les yeux fixés, de loin, sur le jeune homme, avec une extrême curiosité. Au bruit des chevaux, il leva la tête son bouquet à la main. La dame le regardait si hardiment, qu'il baissa les yeux. Trois cavaliers étaient avec elle ; une dame plus âgée suivait dans une espèce de mauvais carrosse.

Le jeune homme reprit son livre par contenance.

Quand la cavalcade atteignit les paysannes, la dame s'adressa brusquement à celle qui était assise sur la charrette :

— Dites, la fille, qu'est-ce que c'est que ce monsieur de là-bas ?

Adèle, encore émue, répondit fièrement en levant le bras vers les coteaux :

— C'est M. Hubert, qui demeure là-bas à Cerizy.

La dame se retourna de loin plusieurs fois, vivement frappée de tout ce qu'il y avait de romanesque dans cette rencontre, en un tel endroit, et de la singulière figure de ce jeune homme. Puis elle s'approcha de la dame qui était dans la calèche, en disant :

— C'est bien lui.

Hubert Talbot demeurait avec sa mère à l'extrémité du village, sur la lisière d'un petit bois appelé le bois Gasot, dont la maison avait pris le nom. Le caractère et la destinée de ce jeune homme n'étaient point tout à fait ordinaires ; il était né dans cette même maison qu'il habitait, fils unique du capitaine Talbot, qui s'était fixé dans ce pays pour y vivre modestement de sa pension de retraite. Hubert était encore enfant quand le capitaine mourut, laissant à sa veuve cette petite propriété. Le curé Noël s'était lié avec M. Talbot, il avait vu naître le petit Hubert et s'était attaché à lui. A la mort du capitaine, il dit à la veuve qu'il apprendrait le latin à son fils et qu'on verrait plus tard. Il le mit en état de faire ses humanités, après quoi il le fit entrer par son crédit au séminaire de Dijon. Hubert y termina ses études et se tira du commun des élèves ; il montrait un esprit distingué, mais on se plaignait de sa conduite, on l'accusait de se trop livrer à des lectures pernicieuses ou inutiles. Ce n'était pas qu'il n'eût des intervalles de grande piété. Il commençait à étudier sa théologie quand il avoua qu'il n'avait point de vocation ; il fallut partir, il dit à son vieil abbé Noël ses scrupules à ce sujet.

— Eh bien ! dit le curé, je vais m'entendre avec ta

mère ; je te procurerai des lettres de recommandation, et tu iras te lancer dans l'instruction, à Paris.

Hubert, très-content, partit pour Paris. Madame
Talbot fit des sacrifices pour l'y soutenir jusqu'à ce
qu'il entrât à l'école normale. Il devait se mettre en
état de subir les examens. Hubert avait de grandes
dispositions, mais en même temps une nonchalance,
un défaut de vigueur et de résolution qui les rendaient
inutiles. Il fut séduit par la lecture des poëtes et commença quelques essais ; il se lia avec des étudiants qui
n'étudiaient pas, il fréquenta les spectacles, et, en
somme, ne fit que rêver. Les remords le dévoraient
sans cesse, surtout quand il fallait écrire à sa mère le
peu de succès de ses études. Il éprouva les déchirements de ces combats interminables entre sa bonne volonté, les obligations qu'il avait prises, la tendresse
qu'il devait à ses proches, et cette paresse invincible
qui l'enchaînait dans l'inaction. Paris et ses illusions,
la vue des réputations et des fortunes qui s'élevaient,
l'ambition, l'inquiétude de l'avenir, aiguisaient encore
ses douleurs. Souvent il se clouait pour ainsi dire à sa
table et sur ses livres ; mais la plus légère distraction,
le moindre volume tombé sous sa main, le détour-
naient tout un jour. Les examens arrivèrent ; il n'eut

pas le courage de se présenter. Il ne lui resta de ces deux ans de sacrifices que des morceaux de poésie faibles et inachevés. Dévoré de honte et de regret, et ne voulant plus être à charge à sa mère, il revint au pays. Sa mère et l'abbé pleurèrent avec lui. Le pire, c'est que ses premiers sentiments religieux s'étaient fort altérés dans l'air corrompu de Paris. Il avait pris cette contagion morale, cette peste des opinions à la mode dont tout y est infecté et dont les plus robustes esprits ont peine à se défendre. Le curé le mena chez un notaire, à Dijon, pour lui ménager un nouvel avenir. Cette solitude de la province au sortir de Paris lui fut odieuse. Il n'y avait plus là ce bruit qui soutient et enivre. Il dédaigna de se mêler à des jeunes gens étrangers à ses habitudes d'esprit. Il lut alors par hasard un livre qui lui tomba sous la main, parmi ceux que le curé lui avait envoyés. C'était le traité de *l'Indifférence*, de M. de La Mennais. Ce livre l'ébranla fortement et réveilla l'étincelle laissée sous la cendre par la première éducation. Il étendit ses lectures ; le calme et les lettres de l'abbé les fécondèrent. Il fut enfin gagné par ce concert auguste des plus grands hommes de ce temps, qui se sont réunis pour soutenir dans nos ténèbres le flambeau de la religion ; la persuasion entra dans son âme, et les croyances de sa jeunesse se rallumèrent plus ardentes. Sa dévotion, quoiqu'il la modérât, le rendit singulier ; il ne remplissait pas ses devoirs à la satisfaction de ses maîtres ; il tomba dans le découragement, et n'espéra plus rien de son nouvel état.

Ces détails parvinrent au bon curé. Un beau matin, il monte à cheval et descend à Dijon, chez Hubert.

— Écoute, lui dit-il, tu n'es pas heureux, je le sais, ta mère aussi. Tu ne feras pas grand'chose ici. Je te connais ; tu te consumes dans la tristesse ; ta jeunesse se passe, il est trop tard pour rien entreprendre, et d'ailleurs tu as assez tenté. Il est temps de prendre un parti et de t'assurer dès à présent une vie tranquille. Nous cherchons bien loin ce que nous avons sous la main. Viens chez nous ; ta mère a de quoi vivre pour vous deux. Tu t'occuperas de ton jardin, tu feras ta partie avec moi. Je ne t'aurais rien dit de pareil l'an dernier, mais à présent tu te résigneras. Après tout, vois-tu, c'est le bonheur. Ma bibliothèque est à toi ; tu pourras étudier. Tu vivras en bon campagnard, comme tu es né, et si tu trouves chez nous une brave femme qui puisse te rendre heureux, tu te marieras. Je t'emmène ; voilà qui est fait.

— Vous avez raison, dit Hubert; j'y ai bien pensé, mais je n'osais rien dire.

Il sauta au cou de l'abbé, et ils partirent.

Son retour fut une fête dans le pays. Ses goûts poétiques, ses lectures romanesques, lui peignaient sa vie nouvelle sous un jour agréable; il aimait son village, il rêverait dans la campagne, il étudierait, il ferait des vers.

Les premiers jours, tout alla bien; il courut, il chassa, il prit ses ébats comme un écolier en vacances; mais peu à peu la solitude appesantit sur lui son ennui. Il eut plus de temps pour rêver, c'est-à-dire pour désirer et souffrir. Il n'était point assez occupé; il enviait le soir les laboureurs qui revenaient des champs le front baigné de sueur. Il répandit ses plaintes en forme de vers où il crut reconnaître une inspiration véritable; mais ces premières marques de son talent ne firent que redoubler son abattement. Il montrait ces poésies au curé, qui devinait à peu près ce qui se passait en lui, et qui ne s'en assura que trop dans ces confidences rimées. Souvent le brave homme l'attaquait brusquement.

— Qu'est-ce enfin? qu'as-tu? que te manque-t-il? Tu es dans ton pays, avec ta mère, avec moi, et de braves gens qui t'estiment et te chérissent. Tu aimes la campagne, tu vis dans l'aisance, tu as quelques coins de terre à cultiver, mille moyens agréables de t'occuper ; tu es libre comme l'air, et tu vieilliras doucement, sans les inquiétudes, sans les soucis de la richesse et de l'ambition. Mais vois donc ce que le bon Dieu fait pour toi, et dis-moi si tu n'es pas l'homme le plus heureux du monde?

— C'est vrai, disait Hubert ; et ses yeux se remplissaient de larmes.

Un jour le curé, impatienté, lui répliqua, en fermant sa tabatière d'un coup sec :

— Que veux-tu que j'y fasse ? Je ne sais comment vous appelez cela, vous autres ; pour moi, c'est de la lâcheté, de la vanité, de la faiblesse. Grâce à toi, je connais un peu la maladie du jour. Ils me font rire ; ils ont inventé que la vie est triste. Quelle rareté ! Il faut vraiment n'avoir pas mis le nez dans un livre, car on n'a jamais écrit que pour se plaindre. Peut-on traîner si loin un lieu-commun ! C'est conscience. C'est clair, c'est assez connu ; le bonheur n'est pas ici, mais nous ne passons dans le monde que cinquante ans. Il n'y a pas de quoi perdre patience. On peut mieux employer son temps. Sarpebleu ! tu me ferais jurer, relis *le Cid*,

que tu ne comprends plus; vois Racine, Pascal, La
Vallière : voilà comment se traitent les douleurs hu-
maines et comment en raisonnaient les gens d'esprit,
au lieu de bercer leur petit chagrin comme un nour-
risson. Mais, direz-vous, il y a des âmes blessées à
mort, toujours inquiètes et déplacées dans le monde ?
Vous n'entendez plus rien aux couvents. Voilà justement à quoi ils servaient. Ces âmes trouvaient là un
asile et pouvaient encore remplir leur tâche ici-bas.
Vous n'avez aujourd'hui d'autre ressource que le sui-
cide; jolie façon de vivre que de se tuer! Je ne
m'étonne plus si je vois à chaque instant, dans le journal, des abominations qui font frémir.

— Vous avez raison, dit Hubert; je me suis inter-
rogé souvent, et je n'ai trouvé que ce que vous dites,
faiblesse et vanité. Mais ce mal n'est plus rien; je ne
cède que par moments, j'ai pris mon parti. Je suis
heureux, rien n'est plus vrai, je ne saurais l'être davantage; et pourvu que Dieu ne m'abandonne pas...

— Certainement, dit le curé en humant sa prise,
Dieu ne t'abandonne pas..., ni les jolies filles non
plus.

Il ajouta ces mots d'un ton brusque et matois en
lorgnant Hubert du coin de l'œil. Hubert à son tour le

regarda d'un air étonné qui signifiait : Que voulez-vous dire ?

— Allons, la fille de Germain ne te veut point de mal, je m'en suis aperçu, et toi aussi, sans doute. Je ne dis rien, mais je vois tout. La pauvre enfant se cabre à vue d'œil quand tu parais, c'est clair comme le jour.

— Vous croyez? dit Hubert en rougissant.

— Il n'y a pas de mal. Si tu veux te marier, l'occasion est belle : ta mère et moi, nous en serions charmés. Germain a du bien ; Adèle est la fleur du pays, tu es le premier des garçons, vous ne convenez l'un qu'à l'autre. Tu t'occuperais du bien de ta femme et tu vivrais tranquille au milieu de tes enfants, que nous pourrions voir, ta mère et moi, avant de mourir... Qu'en dis-tu?

Hubert reprit en hésitant :

— Je suis bien jeune et un peu sauvage ; nous n'avons pas été élevés de même, Adèle et moi. Je redoute un engagement si grave.

— Mon ami, reprit le curé, tu réfléchiras ; patience.

Le père Germain, comme on l'appelait dans le pays, n'était qu'un paysan ; mais il avait en propriété un superbe moulin sur la rivière et de bons fonds de terre

qui faisaient de lui l'homme le plus important des environs. Il voyait M. le curé et madame Talbot ; mais,
quoique riche, il n'avait changé de façons à l'égard de
personne, et l'on n'en avait point changé avec lui. Seulement il se distinguait, le dimanche, par un habit-
veste gros bleu, un chapeau à longs poils hérissés, et
un col de chemise qui lui cachait la moitié du visage,
serré au pied par une cravate rouge à pois jaunes.
Ce brave homme, après trois ans de ménage, avait
perdu, par le plus triste des accidents, une femme
jeune, qui lui avait apporté du bien et qu'il aimait beaucoup. Elle vit un jour un bœuf se ruer, dans la cour,
sur sa petite fille, et se troubla tellement qu'elle en
mourut quelques jours après. La petite n'avait point eu
de mal. Germain, toujours occupé au dehors, se rema-
ria pour le bien de cette enfant, qui était Adèle, et, par
extraordinaire, sa nouvelle femme aima la petite autant
que lui. Ils n'eurent point d'autres enfants.

Hubert et Adèle se connaissaient donc dès le plus
bas âge ; tous les souvenirs leur étaient communs.
Hubert était pourtant plus âgé. Leur condition à peu près
égale au-dessus des autres enfants du pays les avait
mis en vue réciproquement : ils avaient une fois tenu
ensemble un nouveau-né sur les fonts. Ils se tutoyaient.

Le départ d'Hubert détourna ce premier attachement. A son retour, Adèle, déjà grande fille, changea
de manières avec lui. Il semblait au-dessus d'elle par
son éducation et par ses voyages; elle lui disait *vous*,
quoiqu'il la tutoyât toujours. Ce n'était plus la liberté
et la familiarité d'autrefois; seulement, quand Hubert
fit mine de demeurer dans le pays, on dit partout qu'il
n'y avait d'autre femme pour lui que la fille de Germain. Il est certain que le bon air et l'espèce de nouveau lustre que lui avait donnés son voyage à Paris
avaient fait de grands ravages dans le cœur d'Adèle.
On remarquait, le dimanche, un surcroît d'élégance
dans sa parure, dont elle écrasait volontiers les filles
du pays. Le père Germain lui donnait tout ce qu'elle
voulait. Il n'allait jamais à Dijon sans lui rapporter en
secret quelque bout de dentelle. Cela faisait un peu
crier. Hubert était le seul à ne pas s'en apercevoir. En
somme, ils se voyaient peu, quoiqu'il restât entre eux
des traces de leur amitié d'enfance. A l'époque des ven-
danges, on fit une partie aux vignes; Hubert en fut, le
curé et madame Talbot en étaient aussi. Hubert fut fort
gai, par extraordinaire; il but, il dansa, surtout avec
Adèle, tout enflée de sa joie. Ils revinrent dans la carriole l'un à côté de l'autre. Le feu de la danse, les

chants, les rires, les cris des jeunes filles, les avaient animés. Adèle, rayonnante, renfermait son bonheur et surveillait le moindre geste d'Hubert, se trahissant par sa réserve; elle osa pourtant lui dire, comme il riait aux éclats :

— Vous n'êtes donc plus triste à présent ?

— Mais est-ce que je le suis quelquefois ? dit Hubert en souriant.

Adèle reprit sans détourner la tête :

— C'est sans doute quelque belle dame de Paris que vous regrettez ?

— Je n'ai connu personne à Paris, dit Hubert.

— Vous me ferez croire que vous n'avez pas pris garde aux Parisiennes... qui sont si coquettes.

— Je ne me souviens de rien, reprit gaiement Hubert, sinon de beaucoup de tristesse et d'ennui.

Adèle laissa percer une gaieté vive jusqu'à l'arrivée. Elle était allée une fois, par hasard, au lavoir, sur la lisière du petit bois qui remontait jusqu'à la maison de madame Talbot. Hubert prenait ce chemin le matin quand il sortait de chez lui, un livre ou son fusil sous le bras. Adèle l'avait ainsi rencontré ce jour-là. Depuis, elle trouva des raisons pour aller tous les jours au lavoir, à la place de la fille de ferme. C'était un gros ruisseau qui coulait au bas des prés et qui formait bassin dans un fond. Il y avait près de là un petit pont de pierre. On entendait de loin le bruit des battoirs et le babillage des laveuses. Quand Hubert passait, tout faisait silence; on répondait la tête baissée s'il s'arrêtait à causer. Adèle, cachée sous son chapeau de paille, levait une fois sur lui ses yeux noirs, toute rouge, et ne souriait qu'il n'eût souri le premier. Après quoi, elle tordait son linge, remplissait sa corbeille, et s'en retournait chez elle joyeuse jusqu'au lendemain.

Ces indices d'un mariage prochain n'étaient un mystère pour personne, si ce n'est peut-être pour Hubert, qui n'y songeait point. Le père Germain et M. le curé en parlaient souvent. Un jour, se rencontrant sur la porte de madame Talbot :

— En bien ! dit le curé, que faisons-nous de ces enfants ? Votre fils, mère Talbot, votre fille, père Germain...

— Oh ! dit Germain, quand vous voudrez. Je la connais, elle ne dira pas que non. Ce n'est pas le courage qui lui manque. Pour moi, ça ne me fera pas de peine, si M. Hubert veut bien... C'est un brave garçon, il nous fera bien de l'honneur.

Madame Talbot se mit à rire.

— Mon garçon est libre, je n'y puis rien.

La bonne femme avait la faiblesse de tenir le haut bout dans ce projet d'alliance. Elle ne pouvait s'empêcher de penser que son fils aurait pu prétendre à mieux qu'à une fille du pays.

Hubert, depuis un an, paraissait heureux et calme. Il se nourrit des excellents ouvrages de la littérature française qu'il ne connaissait pas ou qu'il avait mal lus. Il y trouva de toutes parts la confirmation des vérités qui brillaient de nouveau pour lui. Le curé, qui le poussait dans ses travaux, le mena jusqu'à l'étude des Pères, et souvent le soir, en se promenant dans les prés au clair de lune, ils débattaient ensemble quelques subtilités des doctrines gallicanes, car ils n'en étaient plus, Dieu merci, qu'à ces questions que les catholiques agitent aujourd'hui fraternellement.

Hubert, d'ailleurs, suivait avec intérêt les travaux de la campagne, donnant, il est vrai, trop de temps encore à la promenade et aux rêveries. Leste et adroit, passionné pour les exercices violents, il avait pris goût à la chasse et à la pêche. On ne manquait pas de l'avertir quand il paraissait quelque gibier rare. C'était pour lui autant de distractions salutaires. D'habitude, il se levait avec l'aurore et descendait d'abord au jardin pour voir son verger et ses fleurs. Il y faisait ensuite quelque lecture ou travaillait dans la salle. Après le déjeuner, il embrassait sa mère et sortait pour ne rentrer souvent que le soir, de quoi la bonne femme grondait un peu. Dans les champs, les paysans lui criaient de loin, en ôtant leur chapeau : Bonjour, monsieur Hubert.

Il s'arrangeait au moins une fois le jour pour prendre le petit sentier qui menait le long de l'église devant la petite maison du curé, précédée par une claie qui enfermait quelques fleurs. On voyait de là, par les fenêtres, les vieux meubles de chêne noir, les antiques reliures sur leurs rayons, le fauteuil de velours jaune et les rideaux à carreaux de la salle du rez-de-chaussée où lisait, mangeait et recevait M. le curé; on montait par trois marches à la porte ombragée de vignes; là pendait la chaîne d'une sonnette, où la main du malheureux ne venait jamais s'attacher en vain. Hubert s'informait si l'abbé était chez lui, et souvent, s'il avait un livre à consulter, si le temps était mauvais, il demeurait à travailler avec lui.

Le soir, ils se retrouvaient encore; le curé venait faire sa partie chez madame Talbot. C'étaient les meilleurs moments de la bonne femme, qui était charmée après tout que son fils se fût décidé à demeurer avec elle, et qui s'efforçait de lui rendre cette existence agréable.

Cependant la vie antérieure d'Hubert, la bizarrerie de sa destinée, le contraste de ses goûts, de son éducation avec son état présent, avaient laissé leurs traces, au moins à l'extérieur. L'engouement pittoresque avait déteint sur lui durant son séjour à Paris. Il n'avait pu s'en débarrasser; il y avait dans toute sa personne quelque chose d'agreste et de fin, un parfum d'élégance romanesque qui se mêlait malgré lui à la grossièreté rustique qu'il affectait. De là, ce goût pour les fleurs, dont il avait toujours un bouquet sur lui. Cette singularité dans le vêtement et dans tout l'ensemble ne pouvait manquer de frapper vivement certaines femmes du monde venant de Paris, comme celles qu'il avait rencontrées dans cette soirée dont on va reprendre le récit. D'autre part, on en a dit assez sur Hubert pour expliquer la rêverie profonde où le fit tomber cette rencontre, et dans laquelle il demeura plongé plus de temps qu'il n'en faut pour donner ces détails.

Il suivit des yeux la cavalcade autant qu'il le put, s'oubliant à cette place, et reprit enfin tout pensif le chemin de sa maison. Le soleil était tout à fait couché;

la rivière blanchissait dans l'ombre croissante; quelques lumières s'allumaient çà et là sur le flanc des coteaux; on n'entendait plus que des aboiements lointains, et les coups de marteau de la forge, qui flamboyait dans l'ombre et prolongeait ses éclairs par intervalles jusque sur le chemin. Hubert ne regardait plus autour de lui; il voyait toujours en lui-même le visage ardent de cette femme fixant sur lui ses grands yeux. Les objets se boursoufflent dans la solitude comme dans la machine du vide, dit joliment madame de Staal : on conçoit que cette espèce de vision, dans le calme ordinaire de ces campagnes, dut fort occuper un garçon comme Hubert. Ce cortége élégant, ces femmes parées, lui avaient peint d'un trait toutes les splendeurs parisiennes. Ainsi, ce monde qu'il avait rêvé ou entrevu, ces illusions brillantes qu'il avait voulu fuir, le poursuivaient jusqu'au fond de ses solitudes et semblaient le narguer jusque dans la fière allure de ces chevaux qui avaient passé rapidement devant lui. Ce n'était point la première fois qu'il faisait cette rencontre; mais, ne s'étant point informé, il se perdait en conjectures.

Quoi qu'il en fût, cet incident évoqua bien des tristes images et rouvrit bien des plaies. Il marchait si doucement, il rêvait si bien, il se trompa si souvent de sentier, qu'il arriva chez lui fort tard, à la clarté de la lune.

La table était mise, sa mère l'attendait en compagnie du curé, qui était venu souper avec eux. Elle ne put s'empêcher de gronder.

— Tenez, disait-elle à l'abbé, voilà ce qui me fâche contre ce vilain enfant. Je ne puis pas obtenir qu'il vienne souper à l'heure, depuis cinq ou six jours surtout. S'il avait des occupations... mais je vous demande un peu ce qui le retient et ce qu'il va faire dehors... lire... rêvasser.

— Allons, la mère, dit le curé, le voilà; ne vous faites pas attendre à votre tour.

Hubert sourit sans rien dire, prit une prise dans la tabatière de l'abbé et lui frappa doucement sur l'épaule. On se mit à manger.

— Il y a longtemps qu'elles n'étaient venues, dit madame Talbot en suivant la conversation commencée avant l'entrée d'Hubert.

— Deux ans; c'était à Pâques: elles rendirent le pain bénit.

— Le père n'était pas mort.

— Si fait; je l'ai à peine vu.

— Elles ont l'intention de vendre Franchart.

— On en parle.

— On dit que la fille est une éventée ; qu'elle chasse, qu'elle nage, qu'elle tire le pistolet.

— Peuh ! elle est jeune ; on l'a élevée à la mode ; mais qu'est-ce que cela prouve?

— Germain l'a vue se jeter l'autre jour en pleine rivière le long du parc, avec une espèce d'habillement de garçon.

Madame Talbot se retourna vers son fils.

— Tu ne dis rien ce soir : nous sommes dans nos jours de brouillard.

Hubert leva les yeux, tiré de sa rêverie ; il n'avait pas entendu un mot de la conversation.

— Cela te regarde, dit l'abbé ; je suis venu tout exprès. Ces dames désiraient voir du monde. Elles m'ont demandé quelles étaient les personnes d'agréable société dans les environs ; elles te connaissent et veulent t'avoir. Mademoiselle Luciana surtout a fait beaucoup d'instances...

— Quel nom? dit madame Talbot.

— Elle s'appelait Lucie étant jeune.

— C'est sainte Luce.

— C'est un barbarisme, reprit l'abbé.

Il se retourna vers Hubert.

— Elles prétendent que tu les a rencontrées plusieurs
fois, mais que tu es un sauvage, et que tu les fuis.

— Qui ? dit Hubert.

— Il ne sait jamais rien, dit madame Talbot.

— A propos, reprit Hubert tout entier à sa pensée,
à propos, l'abbé, quelles sont ces dames qu'on a rencontrées à cheval dans le pays tous ces jours-ci.

— Vous allez voir que c'est précisément ce dont on
lui parle, dit le curé.

— Il n'y a qu'elles dans le pays, dit madame Talbot
en haussant les épaules, c'est madame de Perrachon
et sa fille qui viennent d'arriver à Franchart.

— Une jeune fille brune, pâle, de grands sourcils,
des yeux vifs, s'écria Hubert, frappé d'un rapport subit ; une dame en calèche...

— La mère et la fille, reprit l'abbé patiemment.

— Elles passaient encore aujourd'hui le long de
l'eau ; je les ai vues.

Il baissa la tête sur son assiette.

— C'est une visite dont tu ne peux te dispenser à
présent, reprit le curé. Nous la ferons ensemble : je te
dirai le jour.

— Moi ! dit Hubert, je n'oserai jamais. Je n'ai pas
d'habits ; on se moquerait de moi.

— Allons donc, tu viendras me prendre dimanche
après la grand'messe.

— Est-ce que vous leur aviez parlé d'Hubert? dit la
mère, flattée.

Elle ne faisait pas attention, la pauvre femme, qu'on
ne l'invitait pas avec son fils.

— Moi! du tout, dit le curé : elles ont entendu parler de lui; elles l'ont rencontré je ne sais où. Elles y
mettent d'ailleurs beaucoup d'obligeance. Je ne veux
pas te donner de la vanité, mon ami, mais elles prétendent que tu as bien de l'esprit et bien du talent. Je
ne sais qui le leur a dit.

— Je suis bien aise, dit madame Talbot, que vous
remettiez la visite à dimanche; il me faut au moins ce
temps-là pour blanchir son pantalon de coutil.

— Non, dit Hubert, c'est une chose impossible.

— Allons donc, dit résolûment madame Talbot; le
fils du capitaine Talbot peut bien se présenter chez
mesdames de Perrachon.

Là-dessus, la conversation s'engagea sur le compte
de ces dames. Le curé, qui savait quelques détails sur
leur famille, montra pourtant beaucoup d'indulgence;
mais ni le curé ni personne du pays ne les connaissait
à fond.

Madame de Perrachon était demeurée veuve de bonne heure, avec sa fille unique encore enfant. Son mari, Claude de Perrachon, qui n'était que Perrachon tout court sous l'empire, s'était fort mêlé des tripotages qui se faisaient en ce temps-là pour arracher les fils de famille à la conscription; il avait gagné vite à ce trafic une fortune peu solide à la vérité et qu'il avait laissée très-ébréchée à sa femme. Le chagrin de certaines pertes à la Bourse n'était pas étranger, disait-on, à sa fin singulière; il était mort d'une maladie inflammatoire durant laquelle il avait bu, soi-disant par mégarde, une grande fiole de laudanum. Madame de Perrachon, encore jeune et coquette, aimait beaucoup sa fille sans doute, mais de cette affection qui n'est que faiblesse et insouciance. Elle aimait surtout le monde, les plaisirs, et ne voulut point se laisser gêner par les soins qu'aurait exigés l'éducation de son enfant. Elle n'en perdit pas un bal, pas une fleurette, et menait partout Lucie avec elle; elle trouva même plus commode de l'initier prématurément à toutes les confidences d'une femme de son âge et de ses mœurs. C'est là une faiblesse abominable de bien des veuves avec leurs filles. Lucie, qui ne manquait pas d'esprit, profita vite de ce qu'on lui laissait

voir et entendre; pas un livre ne lui fut interdit parmi
ceux qu'on ose croire sans danger dans le monde, surtout parmi les romans à la mode. De tout temps la
basse littérature a exercé un grand empire sur les
bas esprits, qui sont nombreux. Ce n'est jamais Molière
et La Fontaine qui sont ce qu'on appelle en vogue,
c'est La Calprenède et Scudéry; les précieuses ne font
que changer d'habit. Durant la révolution, elles trico-
taient dans la tribune de nos assemblées; aujourd'hui,
elles professent le libertinage et pleurent sur quelque
assassin. Il faut remarquer seulement, à la gloire de
nos progrès en toutes choses, que ce qui n'était qu'un
ridicule est devenu un crime. Lucie, déjà grande et
nourrie de théâtre et de romans, donna dans des écarts
où sa mère, qui vieillissait, la suivit honteusement;
elles devinrent deux coryphées des ridicules modernes.
Ce fut alors que Lucie se fit appeler Luciana; elles
s'éprirent d'un certain héroïsme, vague, imbécile et
abject, répandu dans les livres du jour à la faveur
d'un pathos transcendant, tout fleuri de barbarismes.
Elles ne se doutaient pas que ces œuvres s'élaboraient
dans les fumées de la plus méprisable débauche en
tous genres, et que leurs auteurs s'exprimaient en particulier dans un langage infect qui peut-être leur eût

fait horreur; elles ne virent pas que la sottise et l'orgueil se dressaient simplement des autels, et de toutes parts l'ignorance et le vice insurgés contre le bon sens. Mademoiselle de Perrachon, sans un principe honnête, sans une idée saine, sans notion d'aucun de ses devoirs, excella dans tous les travers qui font la honte d'une femme. Elle se pâmait sur une romance, faisait de méchants vers, et les déclamait en public; en politique, les contradictions les plus extravagantes se choquaient dans sa tête; elle était républicaine, mais fort touchée aussi du bon goût aristocratique, et pleine de dévotion pour les titres et les distinctions; elle n'aurait jamais digéré le Perrachon tout court, qu'elle n'aimait point trop déjà tout ennobli qu'il était. Quatre ou cinq historiens convulsifs, selon la mode, se partageaient son enthousiasme. Elle était surtout passionnée pour le mystère et les aventures, croyant à peine en Dieu, mais fort superstitieuse sur les sujets tendres et suspects; elle gardait comme une relique des fleurs desséchées, en souvenir d'une soirée passée au bord de l'eau; elle affichait toute l'admiration voulue pour les beautés de la nature, mais elle les aimait à la manière d'un peintre en décors, sans vrai sentiment, sans élévation, sans réflexion surtout. Les nuages n'avaient

qu'à s'arranger sous peine de déplaire par un *ton un*
peu cru. La terre et ses biens, le firmament et sa gloire,
avaient toutes les peines du monde à trouver grâce.
Ces émotions jouées, cette poésie de commande, avaient
leurs heures fixes; on allait voir coucher le soleil à
certaines places, et l'on se posait de manière à former
tableau dans le paysage. Au logis, on étudiait devant
une glace la coiffure des Andalouses et tous les ajustements de l'Europe, hors ceux des personnes sensées.
Enfin, pour la digne et dernière expression de ces ridicules, il y avait chez ces dames un certain jargon,
prétendu badin, qui sentait l'argot d'une lieue, et dont
l'estaminet ne voulait plus.

Le domaine de Franchart était resté dans la succession de M. de Perrachon, mais il était grevé d'hypothèques; on l'avait rarement habité, et madame de
Perrachon, dans le dépérissement de sa fortune, n'y
était venue cette année que dans l'intention de chercher à le vendre. Franchart était de l'autre côté de la
rivière, à dix minutes à peu près du village, on y arrivait par une longue prairie bordée de peupliers;
c'était une maison blanche et carrée, insignifiante, mais
dont la situation était agréable. Devant la façade, sur le
bord de l'eau, régnait une terrasse, enfermée d'un vieux

balustre de pierre, où s'élevaient quatre marronniers
d'une grosseur extraordinaire, renommés dans le pays ;
un petit escalier de trois marches descendait dans la rivière, où l'on voyait amarré parmi les joncs le batelet
de la maison.

Une femme comme mademoiselle de Perrachon ne
pouvait manquer d'être vivement frappée de la rencontre d'un personnage comme Hubert ; sa tête prit feu
sur la simple apparence de ce jeune homme étrange,
solitaire et méditatif, dont toute la personne était un
contraste mystérieux dans les campagnes perdues où
il passait sa vie ; le lieu, l'heure, les diverses circonstances où on l'avait aperçu, son air de mélancolie, la
grâce et la singularité de ses vêtements, tout prêtait à
l'effet. Luciana, depuis huit jours, ne parlait d'autre
chose à sa mère, qui partageait son engouement ; elles
se perdirent en conjectures, appliquant à Hubert les
visions ordinaires de leur imagination. C'était sans
doute un poëte, un homme éprouvé par le malheur, un
rejeton de grande maison frappé de quelque anathème,
une victime illustre des rigueurs de la société ; ces jeunes villageoises qui lui avaient donné des fleurs en passant ajoutaient, pour Luciana, le piquant d'une jalousie
naissante. Au demeurant, elle s'expliquait ouverte-

ment de son enthousiasme pour l'inconnu devant les hommes qui étaient à Franchart. On était accoutumé à la grande liberté de ses discours.

Ces dames s'informèrent activement de ce jeune homme, et les bruits vagues qu'elles recueillirent redoublèrent leur curiosité; les paysans disaient seulement avec un certain respect qu'il était un savant, qu'il courait les champs avec un livre, qu'il était grand chasseur. Mesdames de Perrachon trouvèrent enfin qu'elles ne pouvaient se passer d'entamer la connaissance d'un pareil homme, et mirent tout en œuvre pour y parvenir. On ne parlait plus à Franchart que du héros au chapeau à fleurs, et Luciana passait la moitié des nuits à sa fenêtre en rêvant à l'inconnu. Franchart avait conservé quelque ombre des prérogatives de l'ancien château à la place duquel on l'avait bâti, et ces prérogatives pouvaient fournir quelque ressource à ces dames. La mère enfin s'avisa du curé. On pouvait inviter le bonhomme, selon l'ancien usage, comme le premier habitant du lieu; on avait appris qu'il voyait de près l'inconnu, par lui on saurait tout, et l'on ne désespérait pas d'attirer le jeune homme. Mademoiselle de Perrachon embrassa sa mère pour cette découverte.

Il y avait assez de monde à Franchart pour justifier des invitations; mais la société était singulière, et ce choix jettera un nouveau jour sur le caractère de mesdames de Perrachon. C'étaient d'abord deux dames à peu près de leur humeur; on disait tout bas de l'une d'entre elles qu'on l'avait vue en son beau temps danser sur la corde dans un théâtre d'acrobates. La plus jeune, femme d'un pianiste à la mode, était fort jalouse de mademoiselle de Perrachon, visant aux mêmes effets. Le pianiste était un personnage ennuyeux et nul, qui prenait soin d'ébouriffer sa chevelure et prétendait exprimer sur son instrument des émotions qu'il ne savait point exprimer en français. Il y avait ensuite un grand hallebreda d'aide de camp, alors en semestre, qui n'ouvrait jamais la bouche que pour bâiller; un peintre barbu, qui nourrissait le mauvais ton de l'atelier dans la maison, et qui tenait son sérieux quand on parlait de Raphaël; enfin deux poëtes qui prenaient le titre de journalistes, et qui sollicitaient depuis quatre ans l'honneur de mentir dans les basses feuilles. Ces dames aimaient surtout à s'entourer d'hommes. Quant à l'esprit de cette société, c'était, comme on voit, un orchestre parfaitement d'accord. Une conspiration fut ourdie entre ces personnages pour la récep-

tion de l'abbé Noël, peut-être dans des vues que mes-
desmes de Perrachon avaient déjà conçues, et que
la suite fera connaître.

Le curé allait jadis à l'ancien château ; il avait même,
lors de la vente, entrevu ces dames, qui se doutaient
à peine qu'il fût encore dans le pays, en sorte que cette
invitation ne le surprit point. Qu'on se figure à présent
le bonhomme, droit et simple comme un enfant, s'ap-
prêtant à donner en plein dans cette scène concertée.
Il faut dire un mot de sa figure où l'on lisait à livre ouvert dans son âme : il avait le teint hâlé, vif et rou-
geaud, d'une teinte répandue si uniformément qu'on la
voyait trancher jusque sur son cou avec le blanc du rabat ;
des cheveux blonds, rudes, frisés, s'échappaient de sa
calotte ; ils commençaient à s'éclaircir au sommet. Son
nez au vent, court et animé, aurait fait jaser, si l'on
n'avait su que le digne homme ne buvait jamais que du
vin trempé ; il avait les yeux gros, clairs, étonnés, à
fleur de tête, ombragés de sourcils épais, obliques et
d'une extrême mobilité ; son tricorne, négligemment
planté de côté, laissait voir la moitié de sa calotte, et
donnait le dernier trait à ce je ne sais quoi de naïf, de
brusque, d'ébahi, de fin pourtant, qu'exprimait sa physionomie ; il avait la voix rude, brève et nazillarde par

l'usage du tabac. Ces dames trouvèrent qu'il ressemblait à M. Samson de la Comédie-Française dans ses
bons rôles; cela n'était vrai que d'une ressemblance
vague, autant que l'effort de l'art toujours visible peut
ressembler à l'exquis naturel. L'abbé mit ce jour-là sa
belle soutane et sa ceinture de soie; il ne portait d'ordinaire qu'une lévite noire à revers qui avait roussi, et
qui laissait voir ses gros souliers et le velours usé de
sa culotte à reflets jaunâtres.

Toute la compagnie était réunie au salon, dans des dispositions fort enjouées; on attendait M. le curé : c'était
tout dire. Cependant, à cause du résultat qu'on attendait de cette visite, madame de Perrachon avait recom-
mandé que les choses n'allassent pas trop loin. La conversation roula d'abord sur des sujets insignifiants; on
proposa au curé de voir le parc.

— Je connais Franchart, j'y suis venu souvent du
temps de M. le marquis.

Mais, en vérité, il n'était pas besoin qu'on se propo-
sât d'étonner le curé; madame de Perrachon même
aurait inutilement essayé de l'empêcher : toute la compagnie était dûment frottée des sauvageries philosophi-
ques qui se disputent les sots de ce temps. Le poëte
était sceptique, le militaire athée, le peintre néochré-

tien, et le pianiste tout cela à la fois ; il leur échappait naturellement mille incongruités sur de graves questions de morale et de littérature qui revenaient à tout propos.

On était ainsi disposé dans le grand salon, dont le mobilier flétri se ressentait de la longue absence des maîtres, et que mademoiselle de Perrachon, pour ce motif, ne pouvait souffrir : madame de Perrachon était de profil près de la fenêtre, devant une broderie qu'elle avait quittée ; de l'autre côté, le long du mur, sa fille était nonchalamment adossée sur un canapé ; le grand aide de camp se tenait derrière madame de Perrachon, plus décemment qu'aucun de ces messieurs. Après le canapé venaient des fauteuils où s'étaient renversés sans gêne le peintre, le virtuose et les autres ; le curé était donc seul modestement assis sur le bord d'un fauteuil, à quelques pas en avant de ce demi-cercle, fort en vue comme une visite de cérémonie, son chapeau sur les genoux et son mouchoir roulé dans sa main.

Chaque fois que le bonhomme était frappé de quelque énormité, il tournait lentement les yeux sur celui qui parlait, étonné sans le vouloir paraître ; il ouvrait sa boîte, y pétrissait longuement une grosse prise de tabac, la portait à son nez, puis il époussetait patiem-

ment son rabat du dos de la main. Quand on s'adres-
sait à lui, il éludait la question doucement ou répondait
par un signe. La conversation s'était engagée sur un
procès *en vogue* à propos d'un journal que le peintre
tenait à la main : le poëte demanda si l'accusé était
condamné.

— Non, dit le peintre ; mais le procureur du roi demande sa tête avec un acharnement digne de son métier.

— Comment peut-on être procureur du roi ! dit madame de Perrachon en regardant l'abbé.

Comme il ne répondait rien, elle ajouta :

— Quel horrible métier ! n'est-ce pas, monsieur le
curé ?

— Madame, permettez, dit l'abbé, ce n'est pas mon
avis ; votre sensibilité vous égare, cela vous fait honneur ; mais c'est faute de réflexion : la profession en
soi est honorable, j'y trouve même, jusque dans le titre
qu'elle porte, quelque chose de touchant. Le roi doit
veiller sur ses sujets comme un père, mais le roi ne
peut être partout, et il établit des magistrats qui recher-
chent le crime en son nom. Ils soutiennent la cause du
roi pour les honnêtes gens contre les scélérats. On loue
les soldats : que font-ils de mieux, quand ils ne font

rien de pire? Le magistrat vengeur a pour lui du moins
qu'il ne brûle, ne pille ni ne viole, qu'il ne sévit ou ne
prétend sévir que contre des coupables, et que ces coupables sont en petit nombre. Gardez-vous en tout cas
d'attribuer les défauts de l'homme à l'institution. Il
demande une tête, dites-vous? C'est une erreur : il
demande que les nôtres demeurent sur nos épaules. Je
ferais comme lui, et naturellement je ne suis pas sanguinaire... non, vraiment...

On se regarda, on fut étonné.

— Mais ne trouvez-vous pas que cette peine de mort
passe l'imagination, dans cette affaire surtout?

— Si l'accusé est innocent, je le conçois. Je ne sais
rien; qu'a-t-il fait?

— Il a tué sa femme, mais...

— Qu'y faire? la loi punit de mort l'assassinat; il
faut la suivre ou la refaire.

— Diable! dit le journaliste, vous êtes dur, pour un
prêtre chrétien, et vous nourrissez une furieuse haine
contre la faiblesse humaine!

— Cela se conçoit de la part d'un homme de bien,
dit entre deux madame de Perrachon.

— Cela ne prouve rien contre moi, dit l'abbé; je
m'explique sur la question et ne me compare à per-

sonné. Chacun connaît ensuite ses misères. « Quand vous verriez quelqu'un commettre de grands crimes, vous ne devez pas pour cela vous juger meilleur que lui, parce que vous ne savez pas si vous persévérerez dans le bien. » Cela est dans l'*Imitation*. Encore un beau livre, madame ; je vous le recommande. Voltaire, Voltaire lui-même, avec tout son esprit, ne l'eût point écrit ; il n'avait point cette douceur.

Cette naïveté passa pour une raillerie ; et comme sur cette thèse des égarements de la passion fourmillaient de toutes parts des arguments tirés des romans à la mode :

— Ah ! messieurs, reprit l'abbé, les poëtes et les romanciers répandent des erreurs qui partent d'un esprit bien faible et d'un bien mauvais cœur ! Et combien ces esprits faibles en corrompent d'autres ! Considérez au fond ce qu'ils prônent, ce qu'ils défendent, ce qu'ils divinisent dans leurs plus superbes compositions : c'est l'égoïsme, la haine et la vanité. Ils déplorent comme des supplices et des martyres les moindres démangeaisons d'un amour-propre effréné : découvrez la plaie, ce n'est qu'une égratignure. Et voilà pourtant ce qu'ils plâtrent de galimatias ! Qu'ai-je affaire de livres pour savoir que je souffre et me plaindre? J'ai besoin qu'on me guérisse et qu'on me fortifie. Que de pauvres créatures s'avisent de se trouver malheureuses sur la foi de certaines héroïnes de roman ! J'ai voulu connaître un peu la douleur de ces dames. Franchement, ne voilà-t-il pas d'impertinentes pécores? Il semble que ce genre de littérature exige quelque connaissance du cœur de l'homme; mais il est clair que ces écrivains n'ont jamais lu de leur vie trois phrases de morale. Oui, messieurs, tout ce fatras ne tient pas contre la première ligne du catéchisme; eh! s'il faut se heurter aux moindres écueils de la vie, commencez donc, héros du jour, par supprimer tout ce qu'il y a de haine, d'impatience, d'entêtement de votre côté, et vous aurez guéri la moitié du mal, peut-être le mal tout entier.

A propos du mot catéchisme qui avait échappé au curé, l'entretien ne manqua pas de glisser dans la religion. On ne résista pas au mauvais goût d'attaquer un prêtre sur sa croyance et sur sa profession.

— Messieurs, dit l'abbé, ce que vous dites de vos doutes et de vos erreurs ne m'étonne point. Je sais où en sont les esprits. Il est difficile de ne point se laisser éblouir aujourd'hui par les progrès et la prodigieuse fécondité de la déraison. Cependant je connais un moyen assez sûr, c'est de consulter l'avis de tous les siècles dans les écrits de leurs plus grands hommes. C'est ainsi que je me forme, en ma petite judiciaire, une opinion sur les questions du jour.

Le bonhomme avait déjà révolté vingt fois l'auditoire. Madame de Perrachon regardait sa fille et ces messieurs à toute minute ; mais ces messieurs demeuraient muets. M. le curé commençait à se faire respecter.

— Si je ne trouvais de bonnes raisons, continua-t-il, que dans mes livres de théologie, je concevrais peut-être qu'on pût m'ébranler, mais il n'est point de question présente que toute la philosophie ne décide comme la religion. Devant un tel accord, je n'ai plus qu'à me soumettre. Toutes les bonnes maximes sont dans le monde, dit Pascal, on ne manque qu'à les appliquer ; et j'ajouterais aujourd'hui, on ne cherche qu'à les nier. Tenez, pour ne dire qu'un mot de la politique, vous voyez la grande fortune que font depuis cinquante ans nos assemblées constituantes et législatives, nos gouvernements représentatifs et parlementaires. Or, les anciens ne tarissent pas sur la vanité de l'éloquence en matière de gouvernement... Vous n'avez peut-être pas lu les philosophes, mesdames ; mais monsieur que voilà, qui, me dit-on, a l'honneur de tenir la plume...

Le journaliste rougit légèrement, tout effrayé de se voir pris à partie.

— Monsieur vous dira que tous les moralistes s'accordent là-dessus, et Montaigne, monsieur a lu cela..., Montaigne ajoute dans son chapitre de *la Vanité des Paroles*, je crois..., à peu près en ces termes : « C'est un outil inventé pour manier et agiter une tourbe déréglée et qui ne s'emploie que dans les États malades, comme la médecine. » Vous vous souvenez, monsieur ?

Le lettré garda un silence suspect.

— Tous les modernes s'accordent pareillement. Là-dessus qu'on pérore tant qu'on voudra, je conclus que tout État qui se gouverne par la parole est dans le trouble et la décadence ; et je dis l'art de la parole, vous savez qu'on ne se gêne guère aujourd'hui : quand on a donné le dessus à la parole improvisée sur le travail lent et solide de la pensée, il n'y a plus d'art. Je vous recommande ma méthode, si vous êtes curieux d'y voir clair parmi les sottises du temps. Il en est ainsi de la religion, qui n'enseigne rien que je ne voie étayé dans les meilleurs auteurs profanes, et qui n'est composée que de ce qu'il y a partout d'excellent. Ceux qui l'attaquent en reproduisent les maximes. Ah ! si l'on s'en tenait du moins à la morale ! Je voudrais, dit

lLa Bruyère, entendre un parfait homme de bien me
dire qu'il n'y a point de Dieu.

Le curé regarda encore l'écrivain, qui se détourna.

— Et de même, reprit-il, quand je verrai un honnête
homme, dans toute l'étendue du mot, parmi ces nova-
teurs, il sera temps d'examiner.

Le curé continua sur ce ton, citant nettement ses auteurs et jetant dans le discours ses preuves, ses conséquences comme autant de traits de lumière. Il lisait depuis cinquante ans de bons livres, il les avait médités,
et en avait tiré un ensemble solide d'opinions justes et
bien liées.

Ces messieurs, ébranlés par ses paroles et sa simplicité, gardaient le silence. Mademoiselle de Perrachon,
plus aveugle, se contenait avec peine. On se regardait,
on souriait, mais du bout des lèvres. Le curé se
moucha.

— Ainsi, dit le peintre avec un rire amer, vous vous
consolez pieusement, monsieur le curé, en pensant
que nous serons tous damnés ?

— Moi, mon cher monsieur ! dit l'abbé ; mais je me
ferais couper les deux mains pour vous voir de mon
avis. Vous ne serez pas damné, je ne l'entends pas, je
ne le veux pas ainsi ; vous êtes un enfant de Dieu, et

Dieu est si bon ! Si l'on vous l'a fait terrible, ne le croyez pas ; il vous suit pas à pas, il vous aime, il vous écoute, il vous protége, il vous fait mille biens, même quand vous l'offensez, et le mal que vous vous faites à vous-même, il en pleure. Vous, damné, mon fils !

Il s'approcha du jeune homme et prit une de ses mains entre les siennes :

— Non pas, non pas, espérez, priez, le bon Dieu vous sauvera ; sa miséricorde est infinie... oui, infinie ! et je ne saurais vous la peindre, ma bouche n'en est pas capable. Tenez, ce que j'ai vu de mieux là-dessus, à mon sens, est un sermon que m'a fait le petit Hubert, ce jeune homme, madame, dont vous me parliez tout à l'heure.

— Il fait des sermons ! dirent à la fois la mère et la fille.

— Oui, pour moi, je n'y mets pas de fierté ; qu'importe d'où vienne la bonne parole, je ne veux pas faire tort à ce garçon de son travail.

On se récria :

— Dites-nous en vite un passage.

— Volontiers, si cela peut vous plaire ; au reste, cela vient à propos.

Les jeunes gens, souriant, marquèrent la même curiosité.

Le curé se leva, posa son chapeau sur le fauteuil, et passa derrière le dossier où il appuya ses deux mains.

— C'est un morceau de la péroraison...

Il toussa et commença d'une voix douce et naturelle, du même air dont il parlait sans doute à son auditoire familier de chers et honnêtes paysans.

« Il se glisse, mes frères, d'étranges subtilités d'égoïsme dans nos idées sur la miséricorde divine. Que dis-je, d'égoïsme ? Je n'ai pas besoin d'insister sur la misère de l'homme ; il est si petit, si vain, si mauvais, que, même dans ses meilleurs mouvements de repentir et d'amour, même quand il vient épancher son cœur aux pieds du Seigneur, même quand il s'humilie, quand il dompte son orgueil féroce et demande pardon à ce père excellent ; oui, même alors il se remue dans son cœur, à son insu, je ne sais quel levain indestructible de haine et de vengeance contre son prochain. Seigneur ! s'écrie-t-il, on m'a blessé, on m'a opprimé, on m'a fait tort, je viens à vous tout meurtri. J'ai péché, je le sais ; mais vous êtes si bon, je vous prie si ardemment, votre miséricorde est si grande, que vous me pardonnerez. Mon père, mon père, je me réfugie dans votre sein! et la consolation entre dans l'âme de cet homme, il se voit à l'abri, pardonné, aimé de Dieu ; mais en même temps, et sans qu'il se l'avoue, sa réconciliation lui semble une marque de la condamnation de ses ennemis, et il dit dans son cœur : Dieu me pardonne, mais ceux qui font le mal seront punis, ceux qui m'ont blessé seront blessés, ceux qui m'ont humilié seront abattus ; ceux qui m'ont fait tort et qui m'ont contredit, ceux qui ne pensent point comme moi, ceux qui ne viennent point à vous, ne seront point pardonnés. Insensé ! misérable ! et vous osez dire que la miséricorde de Dieu est infinie ! Mais, malheureux pécheur, et le dernier de tous les pécheurs, Dieu n'est pas seulement ton père, il est le père de tous tes frères, des plus coupables, des plus égarés, des plus criminels, de ceux-là surtout ; ce sont ceux-là qu'il aime et qu'il surveille, car ce sont eux qui en ont le plus besoin. Souviens-toi de la parabole du bon pasteur : il laisse là son troupeau, il court par les monts et les vallées après la brebis égarée, il la rapporte dans ses bras ; oui, sa miséricorde est infinie, et si bien que tu ne peux la comprendre et qu'elle révolterait ta faible intelligence et ton mauvais cœur. Oui, ceux qui t'ont blessé, ceux qui t'ont trahi, ceux qui t'ont dépouillé , ceux qui ont tué tes proches, ceux qui t'ont fait pâlir par leurs iniquités, qu'ils tournent seulement les yeux vers le ciel, et Dieu les recevra comme il te reçoit, car il est leur père comme il est le tien ; oui, cet être qui te fait reculer de dégoût et qui soulève toute la lie venimeuse lentement amassée dans ton cœur, qu'il donne un jour quelques gouttes d'eau à Lazare, elles éteindront le feu qui l'attend. Oui, ceux qui t'ont calomnié et couvert d'opprobres, ceux qui ont inondé la terre de sang, les plus dignes objets des haines politiques et de l'exécration universelle ; oui, vous qui fûtes leurs victimes, Robespierre sur l'échafaud, Marat dans son bain fétide, n'avaient à dire qu'une parole, Dieu les aurait entendus. Tu t'effraies, pécheur, ton orgueil se cabre, ta haine frémit, tes passions s'indignent, mais Dieu ne connaît ni ta haine, ni ton orgueil, ni tes passions misérables, et il ouvre ses bras à tous, il pardonne à tous, car sa miséricorde est infinie, infinie..... *Misericordiâ Domini plena est terra !* » s'écria le curé en sueur. Il s'essuya le front, et se remit en place en ajoutant :

— Et il a raison... et cela n'est pas mal dit, comme vous voyez.

— Mais que cela est beau ! s'écria mademoiselle de

Perrachon, je me sens tout émue. Amenez-nous ce jeune homme, il est plein de talent.

— Je ne savais pas, dit la mère faisant chorus, que nous fussions dans le voisinage d'un pareil génie.

— Ah! madame, dit le curé en s'inclinant avec modestie, cela est trop fort.

— Il y a là-dedans un aperçu profond, dit le poëte d'un ton capable.

— Et une chaleur, une verve, une éloquence qui enlève, ajouta mademoiselle de Perrachon.

— Surtout, dit le curé, il y a du cœur, et voilà comme Dieu doit aimer qu'on parle de lui.

— Amenez ce poëte, je vous prie, dit madame de Perrachon.

— Eh bien! je vous le ferai connaître, dit l'abbé flatté, s'il le veut : il est un peu farouche.

Mesdames de Perrachon avaient vite compris qu'il n'y avait qu'à flatter les idées du bonhomme pour obtenir de lui ce qu'elles désiraient, et le plus sûr était de se montrer ébranlées en faveur de la religion. La mère parut touchée de ses arguments, la fille du sermon ; les jeunes gens entrèrent d'instinct dans le complot ; le pianiste offrit d'aller jouer de l'orgue à l'église le dimanche suivant.

— Il n'y en a point, dit le curé confus de tant de bienveillance.

Il donna dans le piége avec la candeur d'un enfant, et crut qu'il avait commencé une bonne œuvre par le moyen d'Hubert.

Dès qu'il fut sorti, la conversation prit un autre tour. On agita diverses opinions sur le jeune homme inconnu que les renseignements du curé n'avaient guère fait mieux connaître ; on fut d'avis que c'était un homme *très-fort*, un poëte *énorme*, qui s'était enseveli dans la solitude, et qui, pour s'amuser, composait des sermons à ce bonhomme. Assurément il n'y avait rien de sérieux là-dedans ; un homme de ce talent ne pouvait se jeter franchement dans ces idées d'un autre temps, et c'était sans doute un grand esprit qui donnait sa mesure en soutenant de cette force des paradoxes trouvés à plaisir.

Ces conjectures, ce mystère à peine éclairci, la distinction avérée d'Hubert, le souvenir de son costume et de sa figure étranges, irritaient au plus haut point l'imagination de mademoiselle de Perrachon. Habituée à voir tout céder à ses désirs, elle ne cachait plus même son impatience ; elle demandait à tous les gens du pays des détails sur M. Hubert. Deux ou trois fois elle obligea sa mère de l'accompagner le matin, sous prétexte de promenade, jusque dans le voisinage de la maison de madame Talbot ; enfin elle apprit que la visite d'Hubert était remise au dimanche suivant. La fin de cette semaine lui parut un siècle.

La prairie où était le lavoir touchait d'un côté aux dernières maisons du village, et remontait, comme on sait, jusque vers les murs du jardin de madame Talbot. Dans le coin de cette prairie, le sol était battu sous les arbres et fermé d'une haie. C'était la salle de danse. Il y avait à l'entour des bancs et des tables. Il fit beau temps le soir du dimanche ; les prés embaumaient, l'on entendait au loin le bruit des rires et des violons. Les jeunes filles endimanchées venaient de se réunir, les jeunes gens étaient attroupés au milieu. Hubert ne dansait point, mais venait tous les dimanches, en se promenant, s'accouder un moment sur la claie à hauteur d'appui qui formait l'enceinte. Sa présence animait la danse, et chaque fille lui souriait. Au milieu du bruit, Adèle, parée, charmante, était ce soir-là tout à fait dans son rôle de la plus jolie fille du pays, se prêtant avec un doux sourire aux invitations des danseurs, l'air complaisant, mais distrait, et ne prenant guère part à rien de présent. Elle ne s'était ajustée ni pour le bal ni pour aucun de ceux qui étaient là.

— Tiens, dit une jeune fille derrière elle, nous n'avons pas vu M. Hubert ce soir.

Adèle ne se détourna point, mais elle tressaillit de la tête aux pieds ; elle attendait ce nom depuis long-temps.

— Il vient de passer là-bas, beau comme le soleil, dit un garçon.

Adèle trembla que la conversation n'en demeurât là.

— Ils vont du côté de Franchart, lui et M. le curé.

Ce mot retrancha tout à coup cette soirée de sa vie ; elle apprit en quelques mots l'invitation d'Hubert et conçut comme un pressentiment sinistre de ce qui devait suivre.

Hubert, en effet, descendait avec l'abbé le petit sentier qui menait à Franchart. On les voyait de loin au clair de la lune. Le curé, s'arrêtant, tirait Hubert par un bouton de l'habit et se remettait à marcher. Hubert cependant ne l'écoutait pas ; son cœur battait avec violence ; il regardait avec effroi si l'on approchait du château, et favorisait de tout son pouvoir les poses de l'abbé.

Tout le village savait donc que M. Hubert allait en visite à Franchart. On ne s'en étonna point, à cause de la haute opinion qu'on avait de lui ; mais on en

causa beaucoup, parce que certaines vieilles gens connaissaient à peu près ces dames et ne leur voulaient
aucun bien.

Ce soir-là, toute la société du château était sous les
armes. Mademoiselle de Perrachon, en attendant cette
entrevue tant désirée, avait pris et quitté vingt postu-
res et vingt fois lorgné la pendule. Madame de Perrachon alla au-devant des visiteurs avec une grâce et un
empressement extrêmes. Hubert, paraissant comme le
virtuose tant annoncé, et l'abbé le produisant avec sa
bonhomie ordinaire au milieu d'un salon ainsi peuplé,
durent nécessairement paraître un peu gauches. Hubert
sentit ce ridicule, et n'en fut que plus troublé. Son costume aussi l'inquiétait ; il savait, pour avoir habité Paris quelque temps, que ses vieilleries couraient grand
hasard au milieu de ces jeunes gens à la mode. Il se
trompa. Prévenu comme on l'était sur son compte, la
négligence de ses habits, qui n'était pas sans grâce,
passa pour une heureuse singularité. Ce fut là surtout
l'effet que produisirent sur mademoiselle de Perrachon
ses cheveux longs et touffus, son col rabattu sans art,
et jusqu'à son maintien gêné, qui tranchait avec l'élégance ajustée des autres hommes qui étaient là. La
physionomie d'Hubert répondait bien à ce qu'elle avait

imaginé; elle lui trouva seulement les traits plus dure-
ment prononcés qu'elle avait cru, mais l'extrême douceur du regard se répandait sur toute sa physionomie. En
ce moment-là, son émotion se lisait dans ses yeux, qui
semblaient humides comme s'il allait pleurer. Bientôt
la déférence qu'on lui marquait l'enhardit; il vit à
quelles gens il avait affaire, et, dans cette conversation
brève et banale d'une première visite, il ne dit pas un
mot qui ne justifiât la réputation qu'il avait au château.

Madame de Perrachon le pria de revenir à Franchart,
et même l'engagea pour une partie de chasse qu'on se
proposait. Mademoiselle sa fille ne manqua point de
se joindre à elle. Quant au curé, on lui promit des ad-
versaires déterminés aux dames et au piquet. Quand
ils furent partis, on demeura dans le salon jusqu'à mi-
nuit à parler de M. Talbot. Mademoiselle de Perrachon
trouvait ce nom noble et tout à fait digne du personnage.

Hubert reçut deux jours après une invitation nouvelle,
écrite à la main de cette jolie écriture illisible, à la
mode parmi les femmes. Tout cela se sut aussitôt dans
le pays; madame Talbot ne manquait pas de s'en pré-
valoir. Hubert fut dès lors de toutes les parties de Franchart; il reconnut même avec étonnement qu'on faisait
des frais pour lui et qu'il avait le haut bout entre tous

les hôtes. On lui témoignait, bon gré mal gré, une considération singulière; ses plus humbles avis avaient
force de loi, et, s'il se présentait encore quelques dis-
cussions, comme il ne se distinguait en rien, elles se ter-
minaient toutes à son avantage.

Madame Talbot, échauffée des prospérités de son
fils, ne tarissait pas là-dessus avec ses voisines; elle
n'eut pas même la délicatesse d'épargner Adèle, dont
la froideur choqua la bonne femme. Elle dit à son fils
un soir :

— Tiens, j'aurais cru cette petite Adèle sans malice ;
ça se mêle d'être envieux et médisant comme une
autre.

Hubert regarda sa mère et ne se méprit point aux
propos de la jeune fille; il répondit :

— Cela m'étonne; c'est une bonne fille.

Toute la société de Franchart avait fini par céder de
bonne grâce aux influences nouvelles qui agissaient
dans la maison. On avait fait le projet d'aller en corps
à la messe le dimanche suivant; c'était mademoiselle de
Perrachon qui avait sous main tout organisé. Il ne
lui déplaisait pas de prendre un petit air de religion ;
elle avait ouï dire à Paris que cela était de bonne compagnie. En effet, le dimanche, la petite église du pays

fut pompeusement honorée d'une assemblée nom-
breuse, à la grande surprise et surtout à la grande
édification des fidèles de la paroisse.

Madame Talbot, toute gonflée derrière sa chaise,
eut bien des distractions durant la messe, et ne put
s'empêcher de penser qu'elle était pour quelque chose
dans l'éclat de la cérémonie.

Ce ne fut pas tout ; elle ne se doutait pas des honneurs qui l'attendaient. Mesdames de Perrachon étaient
fort curieuses de pénétrer dans la vie privée d'Hubert,
dont les apparences étaient si bizarres. Elles voulurent
connaître sa mère ; on fit beaucoup d'instances. Madame Talbot, éblouie, ne voulait point paraître. Ces
dames poussèrent la civilité jusqu'à l'aller voir les premières, pour la décider. Enfin elle parut au château,
bon gré mal gré, avec son humble bonnet de campagnarde tout hérissé de rubans. Personne n'osa s'en
amuser. Ce triomphe lui tourna la tête.

Hubert, durant ce temps-là, ne voyait plus Adèle ; il
ne la rencontra qu'une fois. Il prenait souvent le chemin du lavoir en sortant, mais il ne voyait plus la fille
de Germain parmi les laveuses. Un jour il arriva sans
bruit jusqu'auprès des jeunes filles courbées, les mains
dans l'eau. Tout à coup Adèle leva la tête, et Hubert

vit briller ses grands yeux dans l'ombre de son chapeau de paille. Il dit d'un air décontenancé : Bonjour, Adèle. Adèle pâlit et reprit son linge, et les laveuses virent de grosses larmes qui tombaient de ses yeux dans l'eau du ruisseau, tandis que M. Hubert s'éloignait. On connaissait le chagrin d'Adèle, on n'osa lui parler de rien.

Six semaines se passèrent au milieu de ces honneurs surprenants qui pleuvaient sur les Talbot; Hubert allait tous les jours à Franchart; le curé, qui l'y suivait moins souvent, l'accompagnait un soir en revenant; ils marchaient dans un sentier à travers champs, par un beau ciel étoilé. L'abbé allait devant dans le chemin trop étroit; Hubert le suivait lentement et profitait de cette allure pour garder le silence. Il était depuis quelque temps fort absorbé, surtout quand il revenait de Franchart. Le curé, après divers propos, voyant que Hubert ne répondait point, se retourna tout à coup et lui barra le passage :

— Halte-là ! et réponds une fois pour toutes. Je te vois très-occupé; ne dissimule plus avec moi. Il se passe quelque chose que tu me caches; dis-le moi, ou je vais te le dire, car je sais tout.

— Quoi donc? dit Hubert tout étonné.

— Veux-tu me tromper? Ces dames ont avec toi

d'étranges manières, mais je ne suis plus leur dupe. Quand ces dames me firent venir, je donnai dans le panneau; je m'imaginai que c'était par égard pour moi et pour suivre le vieil usage; mais, Dieu merci! j'y vois clair à présent, et je ne suis pas si bonhomme qu'on croit. C'était à toi qu'on en voulait, sois franc. Il est question d'un mariage, n'est-ce pas?

— Il est vrai que...

— Que cela est vrai; nous avons causé, la mère et moi. D'ailleurs les façons de la demoiselle, sauf le respect qu'elle te doit, ne sont pas équivoques... Ce n'est pas, reprit le bonhomme, que je lui en fasse un tort, la vue d'un mariage à son âge n'a rien que d'innocent; mais enfin il faut s'expliquer. Que veux-tu qu'on pense?

— Eh bien! dit Hubert en pressant la main de l'abbé, eh bien! oui, l'on veut me marier. Je me trouve engagé dans un pas difficile où l'on me pousse malgré moi. Mademoiselle de Perrachon m'a marqué quelque préférence; je ne puis, je n'ose tout vous dire. Elle est vive, elle est jolie, elle m'étonne, elle m'entraîne. Sa mère a daigné me questionner. Je ne sais plus que faire, que devenir. J'ai glissé des représentations sur ma famille et ma condition; elles ont réponse à tout.

Le curé venait de mettre le doigt sur la plaie. En effet, il n'était plus possible, même pour un étranger, de se méprendre aux intentions de ces dames, et les choses étaient si avancées entre Hubert et mademoiselle de Perrachon qu'il ne restait plus à faire que la demande d'usage. Hubert avait caché par une sorte de pudeur le train qu'avait pris cette intrigue, strictement honnête il est vrai, mais à laquelle madame de Perrachon avait donné ce caractère emporté, mystérieux, romanesque, qu'elle aimait en tout.

— Oui, reprit Hubert abattu, tandis que le curé pensif l'écoutait, oui, dit-il avec effusion, je suis dans une situation bien étrange... Il me paraît si impossible que cela finisse ainsi...

Le curé se retourna.

— Comment diable !...

Il reprit naïvement :

— Et par où veux-tu que cela finisse ?

— J'y vois tant de disproportion.

— Pourquoi? tu es jeune, tu as fait de bonnes études, tu peux encore entreprendre quelque chose. Elle épouserait un gros fainéant; tu figureras aussi bien que lui dans un fauteuil de salon.

— Vous en parlez ainsi! Ne voyez-vous là rien que d'ordinaire? Trouvez-vous tout simple que e choix tombe sur moi, parmi ces messieurs qui sont là?

— Cela est clair ; tu vaux mieux qu'aucun d'eux.

— Quoi! que j'épouse une fille jeune, riche, belle ; qu'on s'en prenne justement à moi, qui n'ai ni état, ni figure, ni fortune ; avec mes goûts et mes opinions, qu'on me charge d'une femme du monde, rompue au train de Paris, étrangère à mes idées et à mes habitudes autant que je le suis aux siennes : n'avez-vous pas un scrupule là-dessus, pas un conseil à me donner?

— Heuh! heuh! heuh! dit le curé ; j'ai déjà réfléchi. Mademoiselle de Perrachon m'a l'air d'une brave demoiselle ; elle montre de bons sentiments, et même à présent de la dévotion, mais, en effet, je lui voudrais un peu plus de prudence et de suite dans les idées. Elle dit parfois des choses qui m'étonnent. Tiens, l'autre jour, en discourant d'un psaume de David qu'elle venait de lire, elle a trouvé que *cela était bien écrit*... Conçois-tu rien de plus dur pour ce saint prophète? Hier encore, quand elle s'est mise à parler des anges, j'étais d'abord édifié ; mais, à mesure que je l'écoutais, il m'a semblé voir à la place des glorieux archanges tenant la cithare ou le glaive de flammes, de petits jeunes gens bien cravatés, roucoulant des amourettes. J'ai été bien surpris, et même bien affligé ; et ce qui me surprend encore davantage, c'est que sa mère ne la reprend point. Je ne sais plus comment on élève les enfants. Il faut réfléchir. Je ne serais pas fâché de te voir marier.

— Oui, dit Hubert; je ne peux être prêtre, et le mariage est un état fixe.

— Et ce parti, sous bien des rapports, semble plus convenable que... la fille du père Germain.

— Que dites-vous là? Je n'aime pas à penser à cette pauvre enfant.

— Écoute : mademoiselle de Perrachon est jeune, tout peut s'arranger; ces visions s'envolent avec l'âge, mais il faudra voir.

— Tout cela, reprit le jeune homme, me trouble et me chagrine.

— Tu l'aimes donc?

— Oui, dit tout bas Hubert.

— Oh! oh! dit le curé, tu as mis un peu de précipitation dans tout ceci; je me consulterai avec ta mère. Bonne nuit, mon enfant.

Ils s'étaient arrêtés devant le presbytère.

— Gertrude ! cria le curé.

La lumière parut aux fentes de la porte.

— Adieu.

Hubert lui serra la main et reprit son chemin en rêvant.

Le lendemain, le curé alla trouver madame Talbot et lui détailla cette affaire. Dès les premiers mots :

— Je m'en doutais, dit la bonne femme, la joie dans les yeux : cet événement la transportait. Qu'allaient dire les voisins? Ce fut sa première pensée. Née dans le peuple, ayant passé sa vie dans un village, elle n'avait pu se défendre des petites jalousies dont on y prend l'habitude. Elle avait à cœur de se maintenir dans le haut rang qu'elle y avait occupé naturellement, quoique sans fortune, avec M. Talbot, capitaine au 19e léger. Elle croyait que tous les yeux étaient ouverts sur son fils; elle avait subi mieux que lui, pour ainsi dire, les vicissitudes de sa fortune, les alternatives de la belle éducation qu'il avait reçue et du peu de bénéfices qu'il en avait recueilli; elle fit donc éclater sa joie, et ne parlait que de tout conclure aussitôt.

— Prenez garde, dit le curé, ne nous pressons pas. Il faut voir.

— Oh ! dit madame Talbot, ce sont de si braves femmes ; je les ai jugées quand je les ai vues d'abord m'inviter, moi qui, tout compté, ne puis aller de pair pour la fortune.

Cette expression modérée fit sourire le curé, qui regarda de côté madame Talbot. Il reprit :

— Laissons aller les choses tout naturellement ; je crois même que cet étourdi s'est trop pressé.

Hubert entra sur ces entrefaites, il acheva d'exalter sa mère en la prévenant que ces dames la voulaient venir voir le lendemain et qu'il les avait invitées de sa part à une petite collation.

— Mon Dieu ! dit madame Talbot, tu me fais honte, je ne sais comment les recevoir.

— Laissez, ma mère, dit Hubert, on sait qui nous sommes. J'ai dit que nous étions de pauvres campagnards vivant petitement ; si ces dames ne nous dédaignent pas, elles n'auront point à le faire ensuite. Elles trouvent tout cela charmant et ne veulent boire ici qu'une tasse de lait.

Madame Talbot, toute troublée et tout heureuse, moitié riant, moitié grondant, se leva aussitôt, songeant à d'immenses apprêts ; elle courut chez Gertrude lui demander des meubles et de la vaisselle qui lui manquaient. Elle alla chez le messager pour avoir de la viande de choix le lendemain ; elle se mit ensuite à nettoyer la maison. On ne put la revoir de tout le jour ; le

curé et Hubert, riant du train qu'elle menait, demeurèrent à causer ensemble.

L'abbé, qu'on avait invité, refusa rigoureusement
pour ne point donner trop d'embarras et parce qu'il
avait un malade à voir dans le haut pays à deux bonnes
lieues. Le dessein de ces dames était de lier tout à fait
connaissance avec madame Talbot. Elles avaient mis
pour condition à ce déjeuner que la mère de M. Hubert
viendrait à son tour dîner le soir à Franchart.

Le lendemain, bien avant l'heure convenue, tout était
prêt chez madame Talbot, elle avait fait laver par la
petite paysanne qui la servait jusqu'à la porte d'entrée
peinte en vert. La maison de madame Talbot était agréable, et le jardin devait aux soins d'Hubert une certaine
élégance. Il avait obtenu d'un voisin une *concession d'eau*
au moyen de laquelle il avait établi un petit vivier avec
le jet d'eau, la cascade, même du poisson qu'il entretenait
avec un plaisir d'enfant ; dans le fond, sous un bouquet
d'arbres, il avait dressé en treillage une espèce de petit
kiosque, il laissait là des livres favoris ; aux plus fortes
branches voisines pendaient un hamac et une escarpo-
lette. Le jardin, entremêlé de légumes et de fleurs rusti-
ques, laissait voir ce désordre plantureux, cette physionomie champêtre et domestique si préférable à la

décoration des parterres à la mode ; on y respirait ces
parfums de vieux jardins que chacun retrouve dans ses
souvenirs d'enfance ; dans les plates-bandes à bordure
de buis s'élevaient pêle-mêle les pois de senteur, les
tournesols, les roses trémières, de grosses touffes de
pivoine et de chrysanthèmes ; çà et là dans un coin gi-
sait quelque vase rompu, et de toutes parts des vignes
et des espaliers couraient sur les murs couronnés de
giroflées et d'épaisses herbes jaunies. Au milieu de la
grande allée, où l'on pouvait aller trois de front, le puits
élevait ses montants joliment entrelacés de lierre et de
capucines jusqu'à la poulie. Enfin une treille touffue
longeait la façade de la maison, où la verdure grim-
pait jusqu'au toit. Les fenêtres de la salle à manger, qui
était au rez-de-chaussée, donnaient sous ce couvert ;
c'était là qu'était dressée la table, éblouissante de blan-
cheur et de propreté, et que le grand jour, passant à
travers le feuillage, colorait d'un reflet doux et verdâ-
tre. Il y avait là les friandises les plus recherchées dans
le pays, des fraises, du lait caillé, de la crême, un beau
gâteau bien doré et des *croquettes*, où madame Talbot
excellait. Hubert, qui connaissait le goût de ces dames
pour les fleurs, en avait jonché la salle.

Madame Talbot, la tête perdue de tant d'honneurs,

s'efforçait de garder sa dignité. Elle avait besoin de se souvenir de temps à autre du 19e léger; mais son trouble venait aussi de l'inquiétude et de l'embarras de bien recevoir. Enfin on annonça sur la route la voiture dont ces dames n'avaient eu garde de se passer. Une voiture devant la porte de madame Talbot, c'était de quoi perdre l'esprit.

Ces dames firent une entrée des plus aimables; ce furent des cris, des joies à étourdir. Elles affectaient un grand abandon, elles jetèrent en entrant châles et chapeaux pour être plus à l'aise. Mademoiselle de Perrachon n'avait pas laissé de se composer là-dessous un charmant négligé de campagne. Elle embrassait à tout coup madame Talbot, qui se mourait d'attendrissement; elle la suppliait de ne point trop se déranger et de quitter la cérémonie. Elle regardait tout, les livres, les meubles, les dessins, et trouvait tout d'un *caractère* exquis. Hubert la suivait, fort ému, la priant d'excuser.

Le déjeuner fut charmant, sinon que madame Talbot endimanchée se donnait malgré ces dames tout le soin d'un sergent de bataille. On ne pouvait la tenir assise, et c'étaient à chaque minute des débats interminables.

Après le repas, mademoiselle de Perrachon s'envola

dans le jardin; Hubert se leva pour la suivre.

— Allez, allez, jeunes gens, dit madame de Perrachon.

Les mères demeurèrent à causer. Ces deux entretiens, qui durèrent toute la matinée, furent décisifs sur
le même objet; le mariage fut arrêté.

Si l'on avait principalement en vue, dans ce récit,
les dames de Perrachon, et s'il fallait surtout rendre
compte des actions de deux femmes sans raison et
sans conseil, ce serait ici le lieu d'expliquer les motifs
d'un pareil dessein si résolûment poursuivi ; il n'en eut
pas d'autre pour mademoiselle de Perrachon qu'une
passion folle, subite, aveugle, qu'elle voulut donner pour
extraordinaire et qu'elle fit éclater avec l'emportement
dont elle était capable. Elle avait entraîné Hubert et
s'était vite compromise avec lui. Il était, disait-elle, le
seul homme qui eût répondu à ses idées sur l'amour, et
ce beau roman ne pouvait plus avoir qu'un dénouement
de roman. Sa mère avait risqué des objections, mais
l'ombre d'un obstacle ne faisait qu'irriter Luciana. Elle
finit par dire qu'elle se tuerait si elle n'épousait
l'homme de son choix. Madame de Perrachon céda,
comme de coutume, et entra de moitié dans l'extravagance de sa fille.

Madame Talbot devait dîner à Franchart. On l'emmena tout étourdie dans la voiture avec son fils, et
l'on passa le reste de la journée ensemble. Comme la
tête des femmes va vite en besogne, on réglait déjà
toutes choses. Il fut convenu que le mariage se ferait
à Paris où l'on emmènerait madame Talbot pour y
demeurer si elle y consentait. Madame de Perrachon
lui expliqua que Hubert n'aurait qu'à prendre la suite
des affaires de sa maison pour en doubler les revenus,
et que d'ailleurs un homme de *son talent* n'était jamais
embarrassé.

— Et puis je lui ferai un joli trousseau, disait madame Talbot, et, dame, à ma mort, il aura le peu que
j'ai ; d'ici là je tâcherai d'économiser, soyez tranquille.
Jugez, toute seule je vivrai avec rien.

La société de Franchart, pour qui rien de ce qui se
passait n'était un secret, s'était discrètement retirée à
l'écart. Les hommes, ce jour-là, étaient allés faire une
partie de chasse ; Hubert et mademoiselle de Perrachon
jouaient à loisir leur rôle de fiancés. Le soir, la voiture
reconduisit triomphalement madame Talbot et son fils.
Ni l'un ni l'autre ne purent dormir : c'était pour Hubert une habitude depuis quelque temps ; il passait la
moitié des nuits à quitter et à reprendre un livre, à

rêver à la clarté des étoiles sur le rebord de sa fenêtre.

Le lendemain, le curé, à qui madame Talbot contait tout à la hâte, reprit en hochant la tête : Tout cela va bien vite.

Mais madame Talbot, sans l'écouter, courut faire ses préparatifs. Il s'agissait d'envoyer à Dijon commander le trousseau, les habits et le reste. En deux jours, toutes les mesures étaient prises ; mais la bonne femme manquait d'argent. Elle fit elle-même un voyage à Dijon, assurant à son fils qu'elle tenait en réserve, pour une bonne occasion comme celle-ci, certaines économies dont elle ne lui avait jamais parlé. En réalité, elle alla chez un nommé Rondeau, très-connu pour faire l'usure, et engagea secrètement sa petite propriété.

Cependant les entrevues se multiplièrent, les caisses de fournitures arrivaient à toute heure de Dijon. Madame Talbot, fille d'un marchand d'étoffes, avait conservé quelques nippes précieuses. Elle fit des jabots à Hubert de ses plus belles dentelles ; elle troqua son argenterie contre de menus bijoux, ne gardant strictement pour elle que deux couverts. En donnant, dans sa joie, ces détails au curé, elle lui disait :

— Quand je reviendrai de Paris, qu'ai-je besoin de

ces bagatelles? cela dormait dans mes tiroirs; il vaut mieux que mon fils s'en serve : il n'y a pas de meilleure occasion.

Elle fit fondre jusqu'à son vieux gobelet d'argent pour en faire une pomme de canne, comme les jeunes gens en portaient, à ce qu'on lui dit.

— Pour du linge, disait-elle à madame de Perrachon, Dieu merci ! nous n'en manquons pas. Je puis en donner à ces jeunes gens pour bien des années, et du beau. C'était la passion de ma mère. J'ai de quoi leur en fournir et en user moi-même jusqu'à ma mort.

En effet, elle fit porter à Franchart cinq ou six malles de linge qu'elle avait choisi parmi le plus beau; il y en avait dont on ne s'était jamais servi, faute d'occasion assez solennelle, et notamment un service damassé acheté en Hollande pendant les guerres, amené en fraude à prix d'or, et qui avait vieilli tout neuf.

De si grands apprêts ne pouvaient manquer d'être connus dans le pays et les environs; d'ailleurs madame Talbot, quoiqu'on fût convenu du secret, ne pouvait prendre sur elle de s'en cacher; c'était l'entretien de chaque soir sur toutes les portes. On mêlait à tout cela le nom d'Adèle; on la plaignait. Elle ne paraissait plus que rarement, et l'on ne savait point ce qui se passait chez elle ; mais le père Germain dit un soir chez le notaire :

— Elle rencontrera bien encore un brave homme : toutes les filles n'ont pas ce que je lui donnerai. Madame Talbot trouve à marier son garçon ; elle en profite ; faites donc entendre raison aux filles.

Mais madame Talbot ne pouvait s'empêcher de considérer Adèle comme une ennemie, et lui prêtait dans sa pensée mille propos qu'elle n'avait point tenus.

L'époque du départ était fixée. La société de Franchart, femmes et hommes, avait pris les devants pour retourner à Paris. Mais à mesure que le terme approchait, au milieu des témoignages non interrompus d'amour romanesque entre les fiancés et de bonne intelligence entre les parents, on s'avisa tout à coup que madame Talbot serait fatiguée du voyage à Paris, qu'il fallait quelqu'un pour garder sa maison. On fit tout enfin, par représentations et manœuvres, pour l'empêcher de partir. La pauvre femme se rendit en disant : Mon Dieu ! cela m'est égal ; qu'ils soient heureux là-bas, je le serai ici.

Le curé soupçonnait vaguement le trafic qu'elle avait fait à Dijon. Il prit à part Hubert.

— Ça, mon ami, ta mère a fait de grands sacrifices

elle n'en dit rien, mais j'en suis sûr ; c'est à toi de l'en dédommager : quand tu seras à Paris, économise et soutiens-la. Je crois bien que la pauvre femme n'a plus d'espoir qu'en toi.

Hubert fit des questions, mais le curé ne savait rien. Madame Talbot se défendit et ne voulut jamais rien avouer. Hubert lui déclara qu'il ne se marierait point qu'elle ne consentît à recevoir une pension et préalablement une petite somme pour l'indemniser de ses dépenses.

Il en parla le même soir à ces dames, qui se récrièrent sur la justice de ces propositions ; on voulait combler la mère de biens et qu'elle fût heureuse. Tout fut ainsi arrangé ; mais comme ces dames n'étaient pas flattées des anciennes liaisons d'Hubert dans le village, on commença de l'isoler peu à peu. On le gardait des journées entières à Franchart ; madame Talbot elle-même ne le voyait plus qu'à peine, mais elle n'en rabattait rien de sa joie. Enfin, au jour fixé, la mère et le curé étant seuls prévenus, on se rendit le matin au château. Les adieux furent longs et tristes, madame Talbot n'osait pleurer. Hubert, quoique gêné par la présence de ces dames, recommanda mille fois sa mère à l'abbé. Ils réglèrent leur correspondance :

l'abbé promit à son cher enfant que ses conseils ne lui manqueraient jamais. Pendant ce temps, mesdames de Perrachon, l'œil sec, l'air affairé, s'occupaient de leurs emballages, allant et venant à la hâte dans la salle à manger où ceci se passait. A huit heures, tout fut prêt, et l'on monta en voiture, Hubert étouffé de sanglots. Madame Talbot, que le curé ramenait, fut obligée de se reposer trois ou quatre fois avant d'arriver chez elle. Ce départ se fit sans bruit. On ne sut que le lendemain dans le pays que Franchart était inhabité.

Ce même jour, madame Talbot disait le soir au curé, qui l'avait trouvée en pleurs :

— J'étais habituée à vivre avec lui, c'est tout simple, cela semble triste. Ces jeunes gens seront heureux. Allez me dire pourquoi je pleure, et je ne puis m'en empêcher.

La pauvre femme éclata en sanglots.

— Allons, la mère, dit l'abbé, faisons un cent de piquet, cela vous distraira.

Madame Talbot, en essuyant ses yeux, prépara ce qu'il fallait. Cette scène se renouvela bien souvent, mais l'abbé adoucissait de son mieux ce dur abandon.

Sans y mettre d'intention, madame Talbot se ressentait un peu dans ses manières et son vêtement de la condition brillante de son fils. On lui parlait moins dans le voisinage. Elle y avait gagné en considération, mais son isolement n'en était que plus grand ; elle ne voyait plus absolument que le curé ; à l'église même, elle semblait se tenir à l'écart.

Elle reçut une première lettre d'Hubert avec les détails tout secs du mariage et quelques lignes de la jeune madame Talbot de Perrachon. On avait arrangé le nom de cette manière pour qu'il eût meilleur air. Le curé n'était point oublié. Madame Talbot reçut ainsi régulièrement quelques lettres toujours apostillées en quelque sorte par sa bru, mais on ne disait pas un mot de la rente qu'on lui devait faire. L'abbé fut obligé de le remarquer pour elle, mais elle se récria dès le premier mot qu'il en dit ; elle ne voulait point qu'il en fût question. L'hiver lui parut bien triste ; cependant les lettres qu'elle recevait étaient connues et paraphrasées dans le voisinage, et de toutes parts on la félicitait en prévoyant ce que promettait encore l'avenir de son fils.

— On ne sait pas, disait le notaire, ce que peut devenir maintenant le fils de la mère Talbot, avec son talent, sa jeunesse, et de la fortune.

— Voilà une femme heureuse ! disaient les mères qui avaient des garçons.

On citait Hubert pour modèle à dix lieues à la ronde, car cet événement s'était répandu dans une bonne partie du département. Madame Talbot elle-même, s'efforçant de croire à son bonheur, remerciait Dieu tous les jours; mais, quoiqu'elle cachât sa situation, même à l'abbé, elle se trouvait alors dans une singulière extrémité, et voici comment on le sut.

Le père Germain, qui s'était mis en tête de marier sa fille pour la guérir de sa mélancolie, découvrit enfin un excellent parti; c'était le fils d'un riche vigneron qui demeurait à huit lieues de là. Ce jeune homme trouvait Adèle à son gré, et d'ailleurs le bien du père Germain accommodait tout. Le meunier poussa la négociation avec activité; mais, quand il s'en ouvrit à sa fille, elle refusa net. Le père Germain prit ceci pour des caprices de fille dont il aurait raison. Il poursuivit l'affaire à Dijon avec le futur et son homme d'affaires; or, il se trouva qu'on mettait en ligne de compte, dans le bien du futur, des hypothèques insolvables qui, addition faite des intérêts, devaient remettre une propriété tout entière dans les mains du vigneron.

— Tenez, père Germain, cela vous regarde, dit l'homme d'affaires en prenant un papier dans une liasse, c'est du côté de chez vous.

— Bah ! qui donc ? dit le père Germain.

L'homme d'affaires lut :

— Veuve Talbot, maison avec cour et jardin.....
Vous devez connaître ça ?

— Si je connais ! dit Germain stupéfait ; la pauvre
femme, comment cela se fait-il ? Ah ! je devine, il a
fallu marier son garçon, il a fallu se montrer ; et personne qui n'en sait rien chez nous. Je la reconnais
bien là.

Il continua se parlant à lui-même, car les deux autres poursuivaient leurs calculs. Le père Germain,
fort occupé de ce qu'il avait appris, en parla le soir à
sa fille comme pour la consoler.

— Voilà ce que c'est, dit-il à table, ils ont visé trop
haut. La mère Talbot est ruinée, et le fils n'y peut
rien, car s'il ne dépendait que de lui !... C'est un brave
garçon, il faut le dire.

Adèle s'étonna d'abord comme son père et lui fit à
peine quelques questions ; comme elle parlait peu d'habitude, on ne s'aperçut point de son agitation.

Le lendemain, elle courut dans la matinée chez madame Talbot, de manière à n'être point vue ; la bonne
femme fut très-étonnée de la voir, à cause de leur
grand refroidissement ; mais Adèle, avec une émotion

où éclatait la sincérité, se jeta à son cou en pleurant.

— Mère Talbot, vous êtes dans la peine, je le sais, je le sais toute seule, soyez tranquille. Ne pensez plus à rien de ce qui s'est passé entre nous; je vous aime, voyez-vous, et je ne songe qu'à vous tirer d'embarras.

A ce mouvement si franc, si brusque, si bon, madame Talbot, suffoquée, ouvrit ses bras en criant :

— Ah! mon enfant! mon enfant!

Elles demeurèrent à pleurer ensemble. Adèle conta ce qu'elle savait; mais, en même temps, elle consola madame Talbot et lui détailla ses projets sans appuyer sur l'endroit sensible, qui était le silence du fils, dans l'impossibilité où il était sans doute de porter aucun secours. Elle ajouta qu'elle avait obtenu par son père une remise à la saisie et finit par dire qu'elle allait épouser le vigneron pour avoir dans ses mains la créance.

— Comme vous pensez, reprit-elle, ce n'est pas moi qui vous tracasserai. Nous vous tirerons de là, soyez-en sûre.

Madame Talbot lui prit les mains, l'embrassa, pleura, et, quand elle put parler :

— Non, mon enfant; vois-tu, Hubert ne le souffri-rait pas. Il ne connaît pas ma position, il est tout simple qu'il ne s'en occupe point; je n'ai pas voulu le chagriner, car je n'aurais qu'un mot à dire, cela n'est rien pour lui; justement il doit venir ce printemps. Tout s'arrangera bien vite; tu conçois bien qu'on ne peut pas me mettre à la porte, à la porte de chez moi, de la maison où il est né, où je dois mourir.

— Enfin, mère Talbot, dit Adèle, c'est du fond du cœur, voyez.

Elle ne put vaincre l'orgueil de la veuve Talbot, mais elle mit obstacle aux poursuites sans le lui dire. Le père Germain obtint aisément ce délai.

Le printemps arrivait. En effet, Hubert et sa femme avaient promis de revenir passer la belle saison à Franchart, qui n'était pas encore vendu, mais on ne les voyait point paraître. Madame Talbot reçut une lettre où l'on disait que sa belle-fille avait besoin de prendre les eaux, et que cela était cause qu'on avait remis le voyage à l'automne. Elle en fut très-affligée, et l'on conçoit ses raisons; le curé lui dit que sans doute Hubert, qui était fort doux, n'avait pas voulu résister à sa femme, encore moins se séparer d'elle, et que c'était une marque qu'ils vivaient en bonne intelligence. Madame Talbot dévora son chagrin; le curé lui-même

était devenu soucieux et semblait n'avoir plus le courage de la consoler.

La saison était belle et hâtive; tout était déjà vert
et en fête, les oiseaux gazouillaient dans les jeunes
pousses du bois Gassot. Il y avait entre le village et le
grand chemin une plaine bornée au fond par un amas
de roches qu'on appelait le rocher de Chèvre-Morte,
et traversée par un sentier qui serpentait à perte de
vue. Un de ces premiers jours du printemps, un homme
à pied, bien vêtu, passait lentement en cet endroit.
Il était cinq heures du matin. C'était un de ces moments d'inexprimable sérénité dont on ne perd plus
le souvenir. La plaine verdoyante et bariolée fuyait à
l'horizon; les gouttes de rosée étincelaient dans l'herbe
aux rayons du soleil levant; le ciel était clair, pur,
d'un bleu pâle, rayé vers Chèvre-Morte de légers nuages blancs. L'alouette au loin s'élevait en chantant
dans les airs; tout était désert, frais et calme dans le
paysage.

L'homme semblait fatigué et s'arrêtait de temps en
temps en jetant les yeux autour de lui, puis il reprenait
sa marche en s'appuyant lourdement sur un jonc où
brillaient des dorures.

Une petite fille de basse-cour, qui menait paître sa

vache, dit au garçon du moulin qu'elle rencontra :

— Si M. Hubert n'était pas à Paris, je croirais que c'est lui qui vient de passer là-bas : c'est un étranger qui lui ressemble beaucoup.

M. le curé venait d'ouvrir ses volets et se promenait à la fraîcheur devant sa porte, un arrosoir à la main. Il leva la tête à un certain bruit, poussa un cri de surprise, et Hubert, accourant, vint tomber dans ses bras.

— Eh ! mon enfant, quelle joie, quelle surprise de te revoir ! Comment cela se fait-il ?

Hubert l'embrassait sans rien dire et pleurait toujours.

— Comment cela se fait-il ? qu'as-tu donc ? Tu vas me faire pleurer aussi sans savoir pourquoi. Mon enfant ! Hubert ! Allons, tu n'as pas vu ta mère. Comment es-tu venu ?

Hubert lui dit qu'il avait quitté la voiture sur la route : le curé le regarda.

— Comme te voilà beau ! tu as l'air d'un prince ! Mais qu'est-ce donc ? tu es pâle, tu es maigre... Mon enfant, tu es donc malade ?

— Oui, dit Hubert avec un étrange sourire ; me voilà dans un équipage fort étranger à mon pays et à moi-même. Cela n'est rien ; je demeure à Paris dans un appartement dont vous n'avez pas idée ; mes yeux ne rencontrent que des dorures et des tapis. On ne sait où cracher, sinon partout. Je suis bien servi, j'ai de l'aisance, je pourrais contenter bien des fantaisies autrefois impossibles. Je suis heureux, il semble... Mais, mon cher abbé, il n'est point de forçat qui périsse plus misérablement dans son bagne que je le fais tous les jours depuis que je vous ai quitté.

— Hélas ! dit le curé en croisant les bras, je ne sais comment j'en avais l'idée ; mais tu m'accables..... Ta pauvre mère..... Où est ta femme ?

— Elle est aux eaux.

— Ils t'ont laissé, malade comme tu l'es !

— Heureusement ; je serais mort. Je vous dirai tout plus tard.

— Veux-tu te reposer ? te rafraîchir ?

— Non, je veux aller chez ma mère.

— Il faut la prévenir ; laisse-moi prendre mon chapeau. J'irai la préparer.

Ils se mirent en marche. A quelque distance de la maison de madame Talbot, l'abbé quitta Hubert, qui s'assit auprès du lavoir, devant cette prairie qu'il avait traversée tant de fois. Il semblait inquiet d'y rencontrer Adèle, qu'il y cherchait malgré lui ; mais les filles n'étaient point encore venues. Le chien de la maison courut à lui en jappant. Il se leva, oppressé par la grande émotion. Sa mère sortit les bras ouverts, suivie du curé. Ils s'embrassèrent sans parler et se pressèrent à plusieurs reprises.

— Je ne veux rien savoir, dit madame Talbot; te voilà, c'est tout ce qu'il me faut.

Le chien ne cessait de s'agiter autour de lui; il le flatta de la main, et tomba plutôt qu'il ne s'assit en entrant, retrouvant et regardant tout avec des yeux ravis. Madame Talbot allait et venait en larmoyant, et mettait en l'air sa cuisine. Elle avait connu d'abord que son fils n'était pas bien portant. Elle lui prépara du lait, du vin chaud; elle rétablit son lit. Hubert refusait tout; cependant, comme il avait la fièvre, il consentit à se coucher, mais il ne put dormir. Il voulut que sa mère et l'abbé demeurassent près de lui. Aucun des trois n'osait entamer l'entretien; on tremblait de se questionner et de se répondre.

Hubert affectait un visage calme et souriant; il était en réalité fort heureux, mais l'émotion violente de l'arrivée lui avait fait grand mal. Quand il fut couché sa mère, le considérant, s'aperçut de son grand changement : il était d'une maigreur effrayante; la fatigue

du voyage lui avait donné une forte fièvre qui redou-
blait en ce moment. Ses yeux brillaient, son teint était
enflammé; madame Talbot frappait des mains en disant tout bas : Mon Dieu!

— Que je suis bien! disait Hubert par moments.

La mère et le curé lui offrirent d'aller chercher le
médecin.

— Non, cela n'est rien; quelques jours de repos me
remettront... Je suis bien.

On l'invitait à dormir, mais il était trop agité; il ne
parlait point cependant. La mère n'osait l'interroger. Le
curé le regardait d'un air inquiet. Il dit plusieurs fois,
se parlant à lui-même :

— Mon pays, ma mère, la campagne... J'éprouve un
bien-être... Je suis délivré.

Sur le soir, il s'endormit. Le lendemain, le curé revint
avec des livres : Hubert lui avait demandé qu'il tra-
vaillât auprès de lui. Madame Talbot se mit de l'autre
côté avec son tricot, et de temps en temps, contenant
leur chagrin, ils échangeaient quelques paroles pour distraire Hubert, qui paraissait abîmé dans ses réflexions.
Sa mère le regardait à chaque minute. Il était sur son
séant, la tête penchée et les yeux fixés sur un portrait
en médaillon qu'il tenait sur le drap et que sa mère

n'avait pas encore vu. Elle dit d'une voix timide, pour interrompre les tristes pensées qu'elle devinait :

— C'est le portrait de ta femme ?

— Oui.

Le curé leva les yeux de dessus son livre. La mère se pencha pour voir le portrait. Hubert reprit entre ses dents :

— Que cela est singulier ! quels yeux charmants et quelle douceur répandue sur ce visage !

— C'est vrai, dit madame Talbot.

— Vous la connaissez ? reprit Hubert ; brune, vive, alerte, elle a par moments l'air d'un enfant.

Il sourit amèrement en se tournant vers sa mère :

— Qui dirait que les plus effroyables vices qui soient sortis de l'enfer se cachent dans ce petit corps, sous cette douce et pâle figure ?

— Que dis-tu ? cela est-il possible ?

— Non ! s'écria Hubert transporté par la fièvre ; non, Dieu ne le souffrira pas ! Vous voyez, Seigneur, l'affreuse machination : c'est une famille obscure, pauvre, honnête, trahie et opprimée par deux créatures sans honneur et sans frein, qui l'entraînent dans leur infamie et l'y veulent retenir en étouffant ses cris ! Non, vous ne permettrez pas des châtiments si terribles et de telles iniquités !

— Mon enfant, explique-toi.

— Ne le questionnez pas, disait l'abbé.

— Ma mère ! reprit Hubert en se roulant sur son lit, si vous saviez quelle vie je mène depuis que je vous ai quittée.

Madame Talbot se jeta dans ses bras, pleurant avec lui.

— Pauvre enfant, tu as souffert ! je m'en doutais ; sois tranquille, te voilà avec nous.

Il reprit avec plus de calme :

— J'aurais commis les crimes les plus noirs, je vous aurais abandonnée, et vous m'auriez maudit, que je n'aurais pas été plus terriblement puni. Mon premier tort fut de vous laisser ici. Je le sentis aussitôt, mais je n'osais, je ne savais leur résister. Ces femmes sont folles, hardies, prodigieusement actives dans le mal; j'étais seul et timide : je cédai sur bien d'autres points et bien à regret. Vous savez qu'il était question de nous marier obscurément, sans fracas. Je parus à l'église au milieu d'une assemblée curieuse et cruelle dont tous les yeux étaient fixés sur moi; je ne saurais vous exprimer le poison de certains sourires; ce fut un vrai supplice pour moi qui ne voulais que prier Dieu. Durant le reste des cérémonies,

rude et gauche, tel que vous me connaissez, il y eut
encore mille pointes qui me déchirèrent au vif; mais je
dévorais tout en aveugle, dans le premier feu du courage
dont j'avais fait provision. A présent même, ce mariage,
Paris, ces événements, tout cela n'est plus qu'un rêve
dont les détails se brouillent dans ma tête. Je ne puis
croire que ce soit le même homme qui ait vécu là-bas
et qui vous parle aujourd'hui. Je ne suis ramené à la
réalité que par mes souffrances. Vous savez que Lucie
m'aimait, ou du moins le faisait paraître; cela n'était
qu'une fantaisie. Je m'en étais douté, et j'avais en vain
tenté de la prévenir. Cette fantaisie passa vite, comme
bien d'autres que cette malheureuse osa depuis
m'avouer. Elle n'avait vu en moi qu'une certaine apparence étrange et frivole qui l'avait séduite, elle pour-
suivait je ne sais quelle vision de félicité sans forme et
sans nom qui s'évanouit; pour mieux dire, elle ne
m'aimait pas. Dès les premiers jours de familiarité, ses
discours m'effrayèrent; j'y reconnus mot à mot les
phrases les plus entraînées de ce sentimentalisme obs-
cène qui s'étale dans les romans de rebut. Ah! les
exécrables fadaises! Tenez, les gens d'esprit sont à
l'abri de ces sottises et ne font qu'en rire, mais elles
s'implantent, le croiriez-vous? elles fructifient et font

des ravages incalculables dans de pauvres cervelles de filles et de femmes. Je ne fus donc tout à coup qu'un homme vulgaire, ce que devient le *mari* entre mère et fille. On s'aperçut que je n'avais ni fortune, ni talent, ni naissance; on me le fit entendre doucement. De là des scènes, des menaces, des emportements, et cette aigreur obstinée qui ne cherche qu'à déplaire, qu'à contredire, qu'à irriter. Lucie s'en prit d'abord à mes sentiments les plus chers et les plus respectables. L'impiété, la débauche, tout ce qui m'était abominable dans les désordres et les doctrines du jour, elle le défendait contre moi. Je l'entendis justifier, exalter des infamies célèbres et jusqu'à des crimes qui avaient fait trembler. Elle ne prenait plus la peine de me cacher son éducation détestable et l'étrange liberté qu'on lui avait laissée jusqu'alors. Elle m'opposa impudemment des noms, des souvenirs; je pus tout deviner et tout supposer. Je passe bien des choses, je ne finirais pas. Ce qu'il me fut aisé de voir surtout, c'est qu'on m'avait réservé l'infâme rôle de couvrir d'un nom honnête une conduite suspecte, et que si ma femme, de son côté, pouvait regretter la perte de quelque illusion, il ne tenait qu'à moi de reconnaître dans ce mariage la plus infernale des trahisons. En effet, je découvris en peu de temps que ces dames étaient fort mal vues, fort peu estimées, que les honnêtes gens s'écartaient d'elles, qu'elles n'avaient accès qu'en un certain monde toujours au service des gens décriés, où l'on n'a rien à se reprocher les uns les autres. Il était douteux pour tant de raisons que mademoiselle de Perrachon eût facilement trouvé un mari. Je m'adressai d'abord à la mère, mais la mère et la fille, engouées l'une de l'autre, étroitement liées par les mêmes goûts et la même humeur, se tournèrent contre moi ; on me trouva fort extraordinaire, je n'étais que trop heureux, et l'on m'avait fait une grande grâce ; ma politesse, ma douceur, ne furent qu'ineptie et faiblesse. Je voulus me plaindre, on se moqua de moi, ou j'étais obligé de m'excuser pour avoir la paix. Si du moins j'avais été soutenu par un chef de famille recommandable ! mais le père était mort sans considération, sans position avouée dans le monde, sans qu'on sût la source de sa fortune. Je demeurai donc seul et trop faible contre ces deux femmes liguées en complot permanent et contre la foule insensée qu'elles voyaient malgré moi. Je n'étais plus dans la maison qu'un valet ; mieux encore, un ridicule et un paysan, car on me reprocha tout. Vous-même, ma digne mère, s'écria Hubert transporté, vous ne fûtes point épargnée, vous dont ces créatures ne sont pas dignes de baiser les pieds!

— Ne parle pas tant, dit madame Talbot les mains jointes.

— Vous allez le questionner ! dit l'abbé en haussant les épaules.

— Non, poursuivit Hubert de plus en plus animé, j'en ai trop sur le cœur, je me soulage en vous parlant..... Je vous passe des mécomptes et quelques travers bien capables de refroidir mon goût pour ma femme, mais que j'aurais pardonnés volontiers. Jugez pourtant de ma surprise, quand je vis cette fille délicate, romanesque, qui parlait de ne vivre que de soupirs et de poésie, se gorger goulument de je ne sais quelles viandes froides qu'elle traînait jusque dans son lit; quand je surpris cet *ange*, comme l'appelait sa mère, avalant discrètement de grandes rasades qui m'auraient déchiré l'estomac; quand je l'entendis, pour la première fois, toute fleurie de beau langage, me couvrir d'injures en style des halles. Négligée chez elle jusqu'à l'excès, je la voyais livrée tout le jour aux apprêts rebutants de la parure qui devait briller le soir. A peine rentrée, tout tombait, tout disparaissait ; elle détachait çà et là de longues chevelures postiches et toutes sortes d'appareils informes qui semblaient déguiser des infirmités; enfin, elle se dédommageait avec moi, dans l'abandon le plus révoltant, de la contrainte qu'elle venait de souffrir pour d'autres. Il s'ensuivait une prodigalité de fioles, d'essences, de préparations nauséabondes qui soulevaient le cœur. Je m'endormais au milieu d'un laboratoire infect. Mais c'étaient là les moindres défauts d'un enfant gâté. Non, jamais ces femmes coquettes ne se douteront des moyens sûrs et naturels de plaire, jamais elles n'inspireront que le dégoût à l'homme qui les voit de près; et pour moi, je l'avoue, ce dégoût était devenu insurmontable; ce désordre, en outre, amenait de grandes dépenses. Vous savez quelle confiance j'avais mise dans les négociations, et combien j'étais loin de penser qu'en fait d'intérêts je fusse le plus à plaindre. On m'avait trompé en ceci comme en tout le reste. Ces dames n'étaient venues ici que pour vendre Franchart; quand je pénétrai dans leurs affaires, je vis que cette terre était tellement surchargée d'hypothèques, qu'elle ne leur appartenait déjà plus; on ne voulait toucher le surplus que pour l'achever avec quelques restes de capitaux. Je me trouvai enfin, au milieu de ce luxe, face à face avec la misère, sans qu'il me fût possible de persuader ces deux têtes folles et de les

ramener à l'économie et à la raison. On avait parlé de
me donner une place, et j'avais pensé à rentrer dans
l'enseignement. Mais il fallait obtenir d'abord par un
travail acharné le grade de docteur. Je voulus me remettre à l'étude; la lenteur et l'incertitude des résultats
faisait croire à ces dames ce travail inutile; d'ailleurs
il ne m'était pas possible de m'y appliquer au milieu
de l'agitation infatigable qu'elles mettaient dans la maison; elles se confirmèrent dans l'idée de mon incapa-
cité et de l'inutilité de ces efforts; que dis-je, elles osè-
rent reprocher à ma paresse le temps qu'elles m'enle-
vaient par leur tyrannie et leurs dissipations. Chaque soir,
on m'entraînait, vêtu de noir et les yeux mal essuyés,
dans le monde, au milieu de je ne sais quel amas d'oi-
sifs qui mettent en commun leur ennui et leur sottise.
Prodigieux ensemble! mon cher abbé, j'avais l'air,
dans ces endroits, d'un voyageur chez les sauvages.
J'étais tout à fait étranger à ces mœurs, à ces entretiens qui m'étonnaient, qui m'effrayaient parfois. On
assure qu'il existe quelque part une bonne compagnie,
je ne l'ai jamais vue que dans mes livres; si vous saviez,
l'abbé, quelles conversations ont ces gens-là, et de
quoi ils jugent à propos de s'occuper! Je n'y savais que
dire, avec la meilleure volonté; je me taisais, je par-

lais avec distraction et tout de travers sur les sujets les
plus communs de modes et de politique; je passai pour
un sot, et l'on finit par me faire croire que je l'étais.
Ces dames avaient honte de moi, on tremblait à chaque
instant qu'il ne m'échappât une de ces bévues qui
n'étaient chez moi que l'effet de la distraction et de
l'ennui. Souvent on me coupait la parole et l'on m'im
posait silence tout net devant la compagnie.

— Voilà, murmura l'abbé, la première fois de ma
vie qu'il me prend fantaisie de donner des coups de
bâton à quelqu'un.

— On priait de m'excuser en souriant, et l'on haussait les épaules; j'entendais dire à des hommes ven-
trus : Mais qui diable a donc épousé mademoiselle de
Perrachon? ce pauvre garçon ne distingue pas sa main
droite de la gauche, c'est une espèce de niais. Un jour,
l'un d'eux, avec qui j'avais causé, disait de moi : Que
voulez-vous faire, il ne sait pas même le nom du mi-
nistre président du conseil. Et l'on désespérait de moi.

— Les animaux! dit l'abbé, que ne les entreprenais-
tu sur la grâce suffisante?

— Figurez-vous que je me prenais quelquefois tout
seul à partie, me demandant rigoureusement ce que je
savais, ce que je valais; et je trouvais qu'en effet je

n'étais bon à rien; qu'on m'humiliait justement. Il me semblait me réveiller d'un rêve orgueilleux.

— Allons, en voici d'un autre! dit le curé impatienté, je te ferai relire tes vers, moi; je te remettrai face à face avec tous les bouquins que tu as dans la tête; tu veux me forcer à te faire des flatteries, laisse-moi en repos.

— Voilà bien de quoi te rendre malade, dit madame Talbot.

— Hélas! reprit Hubert. Le pire, ma pauvre mère, c'est que Lucie avait des moments de retour, de repentir, que sais-je? Elle me trouvait souvent seul à pleurer; j'étais pâle, défait, je sentais les premières atteintes de ce mal qui me mine; elle me prenait en pitié; il lui repassait dans l'esprit quelque lueur de ses premières illusions, elle m'embrassait avec emportement, elle m'accablait de flatteries outrées, elle voyait s'ouvrir devant moi le plus bel avenir. Le lendemain, le soir même, le monde, le bruit, le caractère, reprenaient le dessus. Mon corps et mon âme s'épuisaient dans ces alternatives dévorantes. Luciana était coquette, elle aiguisait sur moi les couteaux de la jalousie; je n'étais dans la maison et dans le monde, où je les accompagnais, que le paravent de ses succès, qui flattaient aussi sa mère ; elle passait ses journées devant son piano, et ce n'étaient chez nous que jeunes gens à la mode, brillants officiers, riches faquins et prétendus hommes à talents, littérateurs et musiciens, qui m'éclipsaient aisément de leur fracas et de leur sotte vogue d'un jour. Et quand je me comparais à ces héros de salon, moi, qui n'étais qu'un paysan sans nom, sans fortune, inférieur en toutes façons, la rage s'emparait de moi parce que j'aurais donné tout au monde pour me faire aimer de ma femme ; et savez-vous, l'abbé, l'orgueil se révolte à la fin ; alors je me déchirais la poitrine. Malheureux ! m'écriais-je, qu'es-tu venu faire ici ? quel démon t'a arraché de ta vallée pour te jeter dans la boue de ce Paris où tu ne peux vivre, parmi ces hommes et ces femmes à qui tu ne ressembles en rien ! O ma maison ! ô ma mère ! ô mes campagnes si pleines de mes souvenirs les plus doux, qu'êtes-vous devenues ? N'est-ce pas toi qui peuplais les champs de tes rêves, qui te sentais si jeune et si fort, dont le cœur et la tête débordaient de sentiments et d'idées ? N'est-ce pas toi qui croyais répandre ton âme sur le monde entier, et dont les échos sympathiques caressaient la voix ? N'est-ce pas toi qu'on environnait dans ton beau pays d'amour et d'admiration ?

Il s'était dressé sur son séant et levait les mains dans son transport.

— Qu'es-tu donc à présent, loin de tes livres, de tes amis, de tes champs bien-aimés? Qu'es-tu, si l'on ne tient compte de ton cœur et de ton esprit? Qu'es-tu parmi ce monde vain et stupide, qui te foule aux pieds corps et âme? Pauvre Hubert! regarde-toi passer dans cette foule. O poëte! où t'a-t-on mené? Tu voulais aimer, tu n'as trouvé que haine et mépris; tu voulais vivre honnête et considéré, le vice et le déshonneur te menacent et te pressent de toutes parts. Je me voyais seul, opprimé, outragé, dévoré d'envie et de désespoir parmi cette foule imbécile et opulente; je tombais dans une véritable agonie, et ma raison, obstruée de visions désespérantes, me semblait à chaque instant près de s'égarer. Je n'osais, je ne pouvais plus prier Dieu.

— Oui, oui, dit le curé, voilà ta tête partie, je la connais.

— Moi aussi, et je cherchais à m'arrêter dans cet abîme; j'essayais de me modérer et de m'expliquer nettement les choses. Je me disais que l'orgueil avait seul à souffrir en moi, et que, me voyant oublié, méconnu, dédaigné, au milieu de ce monde brillant, je manquais de patience et d'humilité.

— Point du tout, mon enfant, s'écria le curé, c'étaient les affections les plus légitimes qui se révoltaient en toi.

— Quoi qu'il en soit, je m'efforçais de me vaincre, de me résigner, et j'avais résolu de me cacher le visage comme César et de tout attendre patiemment... Bientôt pourtant je ne crus point qu'aucune loi divine ou humaine pût me contraindre à vivre dans la honte et dans un désordre dont je serais devenu le complice. Ma femme se lia étroitement à des femmes suspectes; sa mère avait conçu je ne sais quel abominable dessein pour parer à la perte de sa fortune. Je le découvris peut-être bien tard... Je vis introduire chez moi une sorte d'officier supérieur riche et déjà mûr. C'est alors que fut imaginé ce voyage aux eaux... Ne croyez pas que la jalousie... C'était fini. Je ne connais qu'une jalousie qui naît de l'amour. Une femme sage aurait pu me l'inspirer; mais une créature qui m'avait menacé et qui ne songeait qu'à repaître son atroce vanité, je l'aurais vue froidement dans les bras d'un autre; encore celui-là m'eût-il fait pitié... Les échos du ridicule dont elle me couvrait, et dont elle se souillait elle-même, me servirent de prétexte; je refusai net d'aller aux eaux, et j'annonçai le dessein de venir ici voir ma mère en attendant. Si vous aviez vu la colère de la mère ! Elle voulait je que fusse là pour tout autoriser de ma présence. La fille aussi voulait m'avoir pour me tourmenter de ses triomphes et en redoubler le plaisir. Ah ! cela m'a fait faire d'étranges réflexions sur les êtres humains. Si les cœurs pouvaient être, comme les corps, soumis à l'analyse exacte, je me charge, quand on voudra, de trouver plus de cruauté froide et imbécile dans le cœur de certaines femmes que dans ceux de Tibère et de Caligula. L'oppression de ces deux femmes, calculée jusqu'à l'assassinat, est une chose que j'ai étudiée et qui est faite pour épouvanter. Comme j'étais déjà malade, elles poussaient la tyrannie jusqu'à m'empêcher de me plaindre : une dernière pudeur leur faisait craindre que je ne m'ouvrisse à vous, mes amis. J'étais espionné ; toutes mes lettres, par importunité, étaient visitées, et elles y glissaient ces lignes perfides qui vous abusaient sur mon sort. C'étaient autant de raisons pour m'empêcher de venir ici. Cependant je tins ferme. Ma maladie avait fait de tels progrès, qu'elles finirent par consentir. J'étais dans un état à faire pitié. Si vous aviez vu l'insensibilité de ces deux femmes au départ ! Elles voulaient un nom, que leur importe à présent que je meure ? Comprenez-vous ce qu'il y a d'horrible dans leur calcul? Après m'avoir enchaîné, on m'ôte tout doucement l'honneur et la vie.

Le curé joignit les mains.

— Quand l'aura-t-on assez répété, dit-il, qu'il vaudrait mieux d'abord donner cent coups de couteau à son enfant que de le lâcher dans le monde élevé ainsi? Quelle fille est-ce là?

Madame Talbot entoura son fils de ses bras.

— Oublie ces femmes. Tout est pour le mieux. Tu resteras avec nous, nous serons heureux.

— Tu as joué de malheur, reprit le curé, mais enfin tu as tendu la gorge comme un agneau. Il ne faut pas se laisser rebuter par les premiers chagrins, chaque famille a les siens; ta tête s'est emportée, et tu as jeté le manche après la cognée... Tu as manqué de patience, enfin.

— Et de force, dit Hubert; je crains de le montrer bientôt.

Heureusement on ne fit pas attention à cette parole dont on ne comprit pas le sens.

— Et te laissera-t-on quelque temps tranquille? dit madame Talbot.

— Elles viendront me chercher en juillet pour voir une dernière fois Franchart qu'elles vont vendre.

— Ainsi rien n'est rompu..

— Non, dit Hubert avec désespoir ; mais du moment que je verrai paraître ici ces deux femmes, c'est qu'il me faudra mourir. Je ne veux plus les voir ! s'écria-t-il en se débattant.

— Allons, dit le curé, ne fais pas l'enfant ; je te l'ai toujours dit.

Hubert, la veille, avait demandé des nouvelles d'Adèle et de son père. Madame Talbot lui avait répondu qu'il n'y avait plus entre eux l'ombre de rancune et que sans doute ils viendraient le voir. En effet, le lendemain, le père Germain arriva plein d'amitié et de bonhomie, sur les premiers bruits qui avaient circulé du retour et de la maladie d'Hubert.

La mère Talbot le reçut au bas de la maison, et comme il l'avait trouvée en larmes, elle entra dans le détail de ses douleurs et de la situation de son fils. Le père Germain, étonné dans sa grossièreté, levait les mains, se retournait par impatience, tout entier aux chagrins de cette famille. Ce colloque dura assez longtemps, enfin le bonhomme entra dans la chambre du malade, et, continuant sans gêne le même sujet :

— Ah ! bon, voilà donc comme on s'entend là-bas !

M. de Cressy m'avait bien dit que les femmes de Paris avaient de ces infirmités-là. C'est-il bien possible, monsieur Hubert, que ce soit vous qu'on ait ennuyé comme ça? Un si brave garçon !

Il s'assit au chevet, son bâton entre les jambes. Hubert lui prit la main et la lui serra. Le bonhomme reprit en appuyant sur les mots :

— Sarpedi ! et vous ne pouviez pas lui allonger quelques bons revers d'une gaule à nœuds?

Hubert fit un mouvement de répugnance.

— Oh! père Germain, battre une femme.

— Ah! dame, vous avez raison, battre une femme! C'est clair, c'est mauvais, faut jamais en venir là. C'est contre vos idées. Je vous approuve d'ailleurs; il y a une grande folie dans ces têtes-là, c'est comme les enfants, ça n'entend pas la raison; il y a rien à dire à ça; mais, voyez-vous de temps en temps, quand il faut se faire entendre.... un filet de coups de trique.... ça ne nuit pas, ça veut être compris.

— Mais, père Germain, dit Hubert, vous comprenez que je ne m'étais pas marié pour faire ce métier-là; je ne suis ni crocheteur ni charretier.

— Oh! c'est vrai; il ne faut jamais battre une femme; mauvais moyen! Ça ne se doit pas, surtout un homme comme vous, qui a reçu votre éducation... Mais, c'est égal, voyez-vous, de temps en temps...

Il fit mine de cracher dans une de ses mains et la porta sur le manche de fouet de son bâton noueux, l'entortillant lentement dans le petit cordeau de cuir. Hubert et l'abbé se regardèrent en souriant.

— Voyez-vous, reprit le père Germain du même sérieux, je ne suis pas méchant, moi, je ne suis pas vif, mais si une femme..... ah ben ! Et pour mon enant, moi qui parle, je vous aurais autorisé..... Il n'y a pas d'autre remède, voyez-vous ; il ne faut pas qu'un brin de femme, qui n'a que du vent dans la tête, s'en vienne chagriner un brave homme. Vous entendez, monsieur Hubert, je suis votre ami, moi ; nous n'avons pas pu nous arranger, n'en parlons plus ; mais, ma fille et moi, nous vous aimons toujours. Faut espérer que ça ira mieux. Ah ! quand je pense à cette pauvre petite et comme vous auriez été heureux tous les deux ! Enfin, suffit. Adieu, monsieur Hubert, je reviendrai, je m'en vais au moulin. Sans adieu, monsieur le curé.

Le bonhomme sortit ; on l'entendit encore causer avec madame Talbot.

Hubert souriait toujours, les yeux levés vers le curé.

— Il n'a pas tort, dit l'abbé; il y a plus de bon sens dans cette grossièreté, que dans tout le verbiage moderne. En ceci, le bonhomme suit encore à son insu les plus vieilles et les plus saines traditions de famille, et il est dur pour les ridicules du temps de n'avoir pas raison même contre de tels procédés.

Le curé fit ensuite une lecture au malade, qui ne voulait point dormir, et céda à l'invitation qu'on lui fit de demeurer à dîner. Hubert, malgré sa faiblesse, voulut se mettre à table. Le lendemain, il ne put se lever; cet état l'empêcha de jouir de son arrivée et de revoir ses campagnes chéries. On savait tout dans le pays, mais peu de gens vinrent le voir. On était retenu par le respect qu'on avait toujours eu pour lui; on demandait seulement de ses nouvelles; et l'on s'occupait de lui avec grand intérêt.

Il dormit assez bien dans la nuit; ces premiers moments de calme eurent un bon effet; il reprit quelques forces, il paraissait très-heureux de son retour. Quelques jours après son arrivée, comme il était allé s'asseoir sous la vigne du jardin, il entendit la voix de sa mère qui disait tout haut :

— Allons! n'aie pas peur, il sera si content de te revoir!

Une voix timide résistait doucement; il tressaillit. Il reconnut Adèle et s'écria : Adèle! Adèle!

Madame Talbot parut attirant la jeune fille par le bras; il se leva tout chancelant. Adèle était devant lui, pâle et les yeux baissés.

— Bonjour, Adèle; tu ne voulais donc pas me voir?

Elle balbutia des excuses, sans lever les yeux, avec un sourire gros de larmes.

— Allons, allons, enfants, dit madame Talbot, je vous laisse causer un peu; contez-vous vos petits chagrins.

Adèle fit un mouvement pour la suivre, mais Hubert la retint par la main.

— Reste, je t'en prie; il y a si longtemps que je ne t'ai vue! viens t'asseoir à mes côtés et me donner des nouvelles de chez toi.

Il la força de s'asseoir à côté de lui sous le berceau.

— Tu me trouves bien changé, n'est-il pas vrai?... Mais toi-même; comme te voilà pâle! qu'as-tu?

Adèle leva ses grands yeux tout flétris; ils se regardèrent en silence, et, tout à coup suffoqués, Hubert éclata en sanglots tandis que de grosses larmes coulaient le long des joues de la jeune fille.

— Mon enfant! ma chère Adèle! s'écria Hubert en

lui serrant les mains, tu as bien souffert aussi. Je sais ce que tu as fait pour ma mère. Tu m'aimais, toi, ma pauvre enfant, tu m'aimais, de cet amour que ces comédiennes du monde ne savent pas seulement imiter. Tu ne traînes pas après toi des parfums fétides, mais ta beauté est à toi, la vérité est dans tes yeux et dans ton cœur. Je suis un misérable; je me suis laissé séduire à mon insu par la vanité, par de honteuses illusions; je t'en demande pardon à genoux. Je t'aimais, Adèle, je t'aime, et si jamais les âmes se cherchent dans un monde meilleur, oui, je le crois, je l'espère ardemment, je te retrouverai.

Adèle écoutait la tête baissée. Elle balbutia à travers ses pleurs :

— Ne vous chagrinez pas, monsieur Hubert; je ne vous en ai pas voulu, moi; je sais que vous êtes si bon. J'aurais voulu que vous fussiez heureux. Il faut que ces femmes n'aient point de cœur....,

La mère vint interrompre cette scène de douleur.

— Épouse Bastien, dit Hubert d'une voix déchirante; c'est un brave garçon...

Il voulait parler du jeune homme qu'Adèle avait refusé, car il savait tout. Madame Talbot emmena la fille de Germain.

Hubert, tous ces premiers jours, put se traîner sous le chèvrefeuille. Parfois il se faisait conduire jusqu'à la porte du fond du jardin, qui donnait sur les champs et le petit bois ; là il faisait ordinairement quelque lecture. Il ne lisait plus que des livres de piété, le Nouveau-Testament, l'Imitation, les Psaumes, qu'il aimait par-dessus tout.

— Non, disait-il à l'abbé, jamais le souffle divin n'a transporté si haut et si loin l'âme humaine.

Un médecin qu'on faisait venir de Dijon et le médecin du pays le visitaient souvent. Ils avaient reconnu une grave maladie de poitrine, compliquée d'une affection au cœur. Hubert, en effet, était sujet, depuis six mois, à des palpitations accablantes. Le curé seul était instruit de la gravité du mal. Au bout de trois semaines, Hubert fut obligé de s'aliter. Ses bons amis ne le quittaient point ; le curé s'était installé au pied du lit. A dater de ce moment, la maladie fit des progrès effrayants. On les cachait à madame Talbot, mais Hubert ne s'abusait pas ; il en parlait ouvertement avec le curé, qui disputait avec lui et voulait qu'il fût très-bien.

Sur ces entrefaites, le jardinier, qu'on laissait à Franchart, vint porter à madame Talbot une lettre de ces dames, qui ne savaient plus rien de l'état de Hu-

bert. Elles racontaient en style enjoué les plaisirs va-
riés des eaux et la belle société qu'on y rencontrait. Le
curé ne se fit aucun scrupule de décacheter la lettre
pour en conférer avec madame Talbot avant d'en rien
dire au malade. On lui rapporta seulement ce que disaient ces dames : Qu'elles arriveraient sous peu, par
grande grâce, c'est-à-dire beaucoup plus tôt qu'elles
n'avaient dit, *de peur qu'il ne s'ennuyât.*

— Il faut espérer, dit Hubert amèrement, qu'il sera
encore trop tard.

Le curé fut scandalisé de ce propos tenu devant la
mère ; il dit tout bas à Hubert : Mon ami, veux-tu la
tuer ? Lui et madame Talbot demeurèrent en silence
au pied du lit. Il faisait nuit. Hubert, les yeux fixes,
les sourcils froncés, paraissait livré à une sombre agi
tation. Tout à coup il tressaillit dans son lit ; il se prit
à trembler, à se rouler en tordant ses bras, pleurant et
criant.

— Je ne veux pas les voir. Mon Dieu ! ayez pitié de
moi ! Les voilà ; l'abbé, à moi ! On ne m'arrachera pas
d'ici. Ma mère ! l'abbé ! au secours !

— N'aie pas peur, mon fils ; Hubert, mon cher enfant, nous sommes là. Voilà l'abbé ; tu es au milieu de
nous.

L'abbé et la pauvre mère se pressaient auprès de lui, et tandis que le curé cherchait à contenir ce délire furieux, madame Talbot fut obligée d'aller appeler des voisins. On veilla auprès du malade. Toute la nuit il déraisonna, se croyant dans un grand péril. Il ne parlait que de monstres et de furies.

La mère, quoiqu'on lui cachât les progrès du mal, ne les voyait que trop. Elle assistait à des crises terribles qui finissaient par de grands crachements de sang. Un jour, seule avec le malade, elle le considérait dans une douleur muette. Il était sur son séant, soutenu par des oreillers. Il regardait attentivement ses mains maigres et blanches comme celles d'un christ d'ivoire ; il tâtait ses bras décharnés, et paraissait rêver profondément. Il s'abîmait dans cette pensée que ces bras, ces doigts, ces chairs, allaient bientôt se détruire et se décomposer dans la terre; il avait oublié que sa mère était là, et la pauvre mère avait pénétré son effroyable réflexion. Qui sait ce que pense et souffre un homme comme Hubert en se voyant mourir, et ce qui dut se passer dans le cœur de cette malheureuse mère en devinant son fils?

Hubert, se sentant au plus bas, ne voulait plus que le curé le quittât. Ils avaient de longs entretiens sur a mort et sur la situation de son âme. Quoiqu'il eût fait ses dispositions longtemps à l'avance, il se retournait parfois vers l'abbé, qui lisait.

— L'abbé, ayez soin de ma mère, n'est-ce pas ?

Le curé, les yeux secs sous ses lunettes, regardait le malade, lui serrait la main en silence et brusquement, de peur d'éclater. De temps en temps, Hubert le priait de lui relire certain passage d'un auteur qu'il lui indiquait, puis il l'interrompait par des réflexions.

— Eh bien! tenez, l'abbé, lui dit-il un matin, en présence de Dieu, je vous assure que je meurs sans grand regret, si ce n'est pour ma mère et pour vous. Mais vous m'adoucissez encore ce passage. Qui sait si le bon Dieu ne m'avait point réservé ces épreuves pour me faire sortir du monde avec moins de peine ? J'ai toujours eu grand'peur de la mort. Tandis que je suis dans un calme, un bien-être... Hélas ! comme je suis assuré de ce que j'avais souvent rêvé sans fruit, qu'il n'y a rien que de pénible et de misérable dans le monde. Combien je plains ceux que j'y laisse! combien j'ai pitié de leurs fatigues et de leur agitation! J'avais bâti des plans de vanité, commencé des travaux; mais, avec ma paresse et mes études imparfaites, je ne laisse que des ébauches; il n'y a guère à regretter; je vou-

7.

lais d'ailleurs consacrer mes travaux au service de
Dieu. Peut-être que l'orgueil se cachait encore là-
dessous, et le ciel m'en préserve. Faute d'un ouvrier,
la vigne du Seigneur ne souffrira pas; tout se termine
heureusement pour moi ici-bas, et j'ai la certitude que
nous nous retrouverons là-haut... nous qui nous
sommes aimés.

Un peu après, il demanda :

— Ne sommes-nous pas le 20 juin, aujourd'hui?

— Oui, mon enfant.

— C'est aujourd'hui *qu'elles* doivent arriver... et j'a-
vais dit que je ne les attendrais pas..., je le crois encore.

Le curé sortit à la fin du jour. A l'insu de madame
Talbot, il faisait faire une neuvaine à l'église pour
M. Hubert, et presque tous les gens du pays ne manquaient pas de s'y trouver. Il rencontra, chemin faisant, le médecin, qui lui assura que le malade ne pas-
serait pas la nuit; il fit donc commencer, ce soir-là,
les prières pour les agonisants. Tous les paysans ré-
pondaient aux litanies ; on fut obligé d'emporter Adèle,
qui s'était trouvée mal.

Après les prières, le curé retourna auprès du malade,
qui avait toujours des accès de délire, mais en ce moment-là il se trouvait un peu mieux.

— Eh bien! mon ami, lui dit tout bas l'abbé, voilà le 20 juin passé.

Hubert sourit à grand'peine, puis il murmura :

— Elles ne sont pas arrivées.

— Bah! dit le curé; peut-être ne viendront-elles pas, ou peut-être elles te trouveront bien portant.

Hubert ne répondit pas, puis il poussa un gémissement prolongé et frémit d'horreur.

— Mon enfant, dit le prêtre, j'ai remis jusqu'à présent à te parler d'une chose importante; tu veux remplir tes devoirs de religion, et, par conséquent, te présenter devant Dieu avec une conscience pure.

Il s'arrêta ému.

— Et je crois bien que tu n'es pas tout à fait dans les dispositions que demande la charité à l'égard de ta femme et de ta belle-mère.

— Ah! l'abbé, que me dites-vous là? Oui, je ne pense à autre chose; oui, je suis un misérable; je fais des efforts qui me tuent. Mais, voyez-vous, c'est inutile, Dieu ne m'assiste pas, Dieu n'a point pitié; j'ai beau faire; là, voyez-vous...

Il porta les deux mains sur son cœur :

— Là s'agite, et se roule, et se dresse le serpent de la haine qui me dévore le cœur... je ne puis l'étouffer.

Il se pressait la poitrine, dans son délire, comme s'il eût voulu l'entr'ouvrir.

— Mon fils! mon fils! disait l'abbé en pleurant.

— J'ai beau faire, mon ami : il y a là un brasier que souffle et attise le démon... Ces deux femmes. Mon Dieu!... pour moi du moins passe encore... mais quand je songe à ma mère qu'elles égorgent en même temps... Ces deux femmes sans âme, sans entrailles, sans rien d'humain, qui traînent deux malheureux dans la tombe... et que je vois d'ici, un exécrable sourire sur les lèvres... Mon ami! mon ami! délivrez-moi de ces spectres... grâce!

— Mon fils! s'écriait le curé se jetant à genoux. Seigneur, Seigneur, ayez pitié de lui!

Il courut à la porte pour empêcher d'entrer madame Talbot qui accourait au bruit.

— Mon fils, reprit le brave homme, du courage ; ce sont deux créatures de Dieu ; elles peuvent revenir à lui. Songe à tant de saints et d'illustres victimes priant pour leurs bourreaux ; songe à ce que tu as écrit toi-même sur la miséricorde de Dieu. Il ne faut qu'une larme à ces pauvres femmes, et tu peux être assis auprès d'elles dans la Jérusalem céleste, là où toutes les misères de la vie s'effacent, jugées et pesées dans la balance de la justice divine. Mon enfant, sois ferme, sois miséricordieux ; ta mère te prierait avec moi ; ne me donne pas ce chagrin mortel.

Le bonhomme eut le courage de sourire en lui prenant la main.

— Qu'est-ce que ces misérables divisions dans un moment pareil où la vie de ce monde n'est plus rien pour toi ?... Aie pitié de nous en nous laissant, n'emporte rien de nos misères sur le seuil de l'éternité. Hubert, je t'en prie !

Il reprit tendrement :

— Tu sais, quand tu étais enfant et que tu étais bien malade, c'était moi qu'on appelait pour te faire prendre les breuvages noirs des médecins ; je te parlais du bon Dieu, des petits enfants qu'on avait martyrisés, et tu buvais en souriant pour imiter leur courage. Me résisteras-tu cette fois ? Il s'agit d'un moindre effort, mais il s'agit de la vie éternelle. Je te le demande au nom de ta mère, si tu veux la revoir là-haut.

— Mon Dieu ! mon Dieu ! s'écria Hubert étouffé de sanglots. Et le bon curé se pencha, pleurant avec lui. Il se releva, et poursuivit sur un autre ton :

— Mon fils, je vais te chercher l'appui des sacrements ; Dieu t'assistera pour les recevoir dignement. Je n’osais t’en parler, non plus qu’à ta mère, mais le moment est venu.

Il le laissa livré à cette crise qui achevait de l’épuiser. Le curé avertit en sortant les femmes qui étaient auprès de madame Talbot, et courut en toute hâte à l’église, craignant d’arriver trop tard.

On était éveillé dans toutes les maisons, et l’on attendait de moment en moment les dernières nouvelles. Cette sortie du curé donna l’alarme; on le suivit, en sorte qu’il revint avec son clerc, suivi de paysans et de femmes qui entrèrent dans la cour et jusque dans la chambre du malade.

Une voisine vint tout éplorée au-devant du curé lui dire qu’on avait cru plusieurs fois que M. Hubert était mort. On fit écarter tout le monde du lit; l’abbé ferma la porte, parce qu’on entendait les cris de madame Talbot, et il s’approcha d’Hubert.

— Eh bien! mon enfant, tout le monde prie pour toi, lui dit-il doucement.

Le malade ne répondit pas d’abord, puis il reconnut le curé, et dit avec un soupir qui sembla briser sa poitrine :

— Je leur pardonne... Aidez-moi à dire un *Ave* pour... pour elle... Ils le récitèrent tout bas.

— Et un *Ave* pour la mère, dit le curé.

Quand ils eurent fini, le curé l'embrassa, et l'on fit rentrer l'assistance. Hubert communia et reçut l'extrême-onction avec toute sa connaissance et en répondant aux versets. Ensuite on se mit à genoux, et l'on continua de prier à voix basse. Le malade était tombé dans l'anéantissement. On distinguait au milieu du profond silence le léger sifflement qui s'échappait de ses lèvres entr'ouvertes.

Le curé se retira quelques moments après pour revenir bientôt, mais il n'avait pas fait vingt pas qu'on courut lui dire que M. Hubert venait d'expirer. Il donna aussitôt les instructions pour qu'on emmenât madame Talbot chez le père Germain, qui avait offert sa maison. Hubert était mort doucement, sans souffrance, sans plainte. Beaucoup de femmes passèrent la nuit, agenouillées auprès du corps ; le curé y retourna lui-même, pour épargner à la pauvre mère quelque coup trop violent. Il ne voulut point la voir, et mit tout en œuvre pour lui adoucir cette extrémité.

Le deuil fut général, tout le monde en somme aimait Hubert et sa mère, qui avaient fait dans le pays le peu de bien qu'ils pouvaient. Personne n'alla travailler le surlendemain, qui était le jour de l'enterrement, et le curé apprêta la messe funèbre avec toute la solennité possible dans sa petite église. Le village entier y assista.

Après la cérémonie, le convoi se mit en marche et fit le tour de l'église en dehors pour se rendre au cimetière, qui était tout proche. Des garçons de l'âge d'Hubert portaient le cercueil ; madame Talbot, selon l'usage du pays, avait voulu le suivre, et l'on entendait des gémissements étouffés qui partaient de dessous le mantelet de drap noir qui lui couvrait la tête. Elle était soutenue par plusieurs femmes. Des jeunes filles, vêtues de blanc, marchaient de chaque côté.

A la vue de ce long cortége, extraordinaire en ce lieu-là, une calèche, qui avait pris le chemin de traverse, s'arrêta ; des dames descendirent, en disant à une vieille femme qui ramassait du bois au revers d'un fossé :

— C'est donc fête ici ?

— Non, reprit madame de Perrachon, c'est un enterrement.

Elles se dirigèrent aussitôt vers la queue du cortége. La jeune madame de Perrachon-Talbot s'approcha d'une fille voilée, et demanda :

— Qu'y a-t-il donc ?

Adèle leva son voile, et lui dit :

— C'est votre mari que l'on enterre.

Tout à coup, à la vue de ces deux femmes, la vieille madame Talbot, saisie d'un transport étrange, se débarrasse des gens qui la tiennent, s'élance, s'arrête devant elles en chancelant, et dressant la tête sous ses coiffes de deuil :

— Mon fils ! mon fils ! rendez-moi mon fils, misérables ! Je vous l'ai livré, et voilà ce que vous en avez fait. Toi, la mère, et toi, la fille, je vous maudis, et Dieu entendra la voix d'une pauvre femme sur la tombe de son enfant !

Elle montrait le cercueil d'un geste si terrible, qu'on n'osait l'emmener. Luciana de Perrachon fit semblant de se laisser tomber dans les bras de sa mère, et sa mère fit mine de la secourir. On les emmena vers la voiture. Le cocher, qui venait de tout apprendre, ne savait plus ce qu'il fallait faire, et répétait dans son trouble : Où faut-il aller ?

Un grand homme à moustaches passa la tête hors de la portière et cria :

— Hé ! parbleu ! à Franchart, imbécile !

Un murmure courut parmi la foule indignée : la voiture partit au galop.

7

Lors de mon séjour dans ce pays, précisément à cette même terre de Franchart vendue depuis long-temps, M. l'abbé Noël, de qui je tiens ces détails, m'entretenait encore du jeune Hubert Talbot, dont le souvenir, à mon sens, illustre la contrée. Nous étions assis sur un banc, dans un coin du cimetière, qui est derrière la maison du vieux prêtre, et qui lui sert pour ainsi dire de jardin et de lieu de promenade. J'en revenais toujours à ce jeune homme qui m'intéressait si vivement, et je demandais au curé comment ces dames de Perrachon avaient pu jeter les yeux sur lui. Il me l'expliqua de son mieux, mais il s'interrompait comme en songeant.

— Mon pauvre enfant... il vivait de soleil et de beaux vers... Ils me l'ont étouffé à Paris.

Il reprit ensuite :

— Ils me l'ont tué parce qu'il ressemblait à un... Van Dick... je ne sais quoi, un portrait qu'elles avaient vu je ne sais où; voilà bien de quoi.

Et comme je déplorais le sort de cette jeunesse du temps présent qui périt si misérablement de toutes parts et de tant de sortes, et que je voyais frappée là dans l'un de ses plus dignes et de ses plus innocents sujets :

— On s'élève, dit le curé, contre bien des tyrannies à présent : quand s'avisera-t-on de se révolter contre l'oppression de la bêtise ? Car voilà les méchantes actions qu'enfantent vos méchants écrits. On ne s'égorge à présent, on ne s'empoisonne que par sottise. Ce siècle ne sait plus même commettre le crime avec courage, quoi qu'en ait dit un de vos écrivains. Il ne voit dans le sang que de l'imprévu et de l'énergie, il n'y a plus que de la niaiserie.

Mais ma pensée ne se détachait pas de l'aimable figure du poëte dont je retrouvais le souvenir partout dans cette campagne.

— On a dû l'enterrer ici ? dis-je au curé.

— Voilà sa tombe, dit-il.

Je tressaillis comme si j'eusse marché sur le cadavre ; sa tombe était sous mes pieds. Je ne puis rendre l'effet que me causa cette vue ; il me sembla qu'Hubert m'entendait.

Je me baissai sur une pierre rongée par la mousse, et je lus ces mots presque effacés : *Hubert Talbot*, et la date.

Je ne saurais vous dire combien ce détail m'a rendu présente toute son histoire ; il me semble que je l'ai connu. Il y avait au chevet de la pierre un bouquet

blanc sous un globe de verre abrité d'un petit dais de
fer blanc.

— La fille de Germain, me dit le curé, a voulu mettre là son bouquet de première communion, et je l'y
laisse.

— Et sa mère? repris-je, les souvenirs un peu troublés.

— Sa mère est ici.

Il montra une tombe voisine.

— Elle est morte?

— Cette femme était minée par le chagrin. Nous
avons fait ce que nous avons pu. Le père Germain
s'est bien conduit. Ils ont voulu la prendre chez eux.
Adèle s'est mise ensuite à demeurer chez elle. Ils ont
payé ses dettes ou du moins ils l'ont mise à couvert ;
elle ne voulait pas. D'ailleurs le coup était porté, ceci
l'a achevée. Elle est morte un an après son fils, jour
pour jour.

De retour à Paris, j'attachais trop d'intérêt à tout
ceci, comme vous pensez, pour ne pas m'informer de
madame de Perrachon dans le monde ; cela me fut
facile : je tenais du curé quelques indications, et les
acquéreurs de Franchart étaient encore en relation avec
elle. Je vis, l'hiver suivant, madame de Perrachon-

Talbot entourée d'hommages et coquetant dans le
monde, dans quel monde ! Ces dames passent pour
équivoques ; l'histoire de ce mariage a transpiré : on
ne les voit que dans certaines maisons où les hommes
seuls peuvent aller sans scrupule.

On me rapportait ce propos de la mère parlant de
son beau-fils :

— Un original, un fou, qui a quitté ma fille aux eaux.
Il avait laissé là-bas une espèce de petite vachère ;
c'était un *sentiment*..... rustique... Il abandonne sa
femme sans rien dire... et puis il s'est laissé mourir
de la poitrine ; il n'avait pas de santé.

On ne sait de quoi elles vivaient dès ce temps-là,
car la vente de Franchart avait été faite par nécessité
et à grande perte ; ce bien était depuis long-temps dévoré. Enfin elles parurent ruinées au grand jour ; elles
ont fini par se mettre à la tête d'un hôtel garni où
l'on tient table d'hôte : c'est tout dire. On n'y reçoit
que des étrangers distingués, et l'on fait la partie le
soir.

LE
COLLIER DE SEQUINS

LE

COLLIER DE SEQUINS

———————

Quand ce fut mon tour de faire un conte : — Ma foi, messieurs, dis-je, j'en sais un tout fait que vous savez aussi, mais que vous savez mal, comme tout le monde. Heureusement, ou malheureusement plutôt, je ne suis plus tenu au secret. Je vais vous dire l'histoire de ce pauvre Loisel; personne n'en sait les détails mieux que moi, et c'est d'ailleurs un service à rendre à sa mémoire. J'avais l'honneur d'être son ami (cela vous étonne) quand il tomba amoureux de mademoiselle de Champigny, et je n'ai point cessé de l'être même après le scandale qu'il donna, car je ne voulus jamais croire qu'il fût, comme on disait, un intrigant,

un aventurier, et, tranchons le mot, un fripon. Loisel
m'avait confié son secret dès les premiers jours, de cet
air naïf et distrait qu'il avait souvent; c'était, il m'en
souvient, vers le jardin du Luxembourg, où nous nous
étions rencontrés.

— Mon cher ami, me dit-il, je suis amoureux.

Il me l'avait dit si souvent que je me mis à rire.

— Cette fois, cela est sérieux, reprit-il en souriant
lui-même.

Je lui répondis que, s'il en était ainsi, il n'en parlerait point; mais je le connaissais, il ne pouvait garder
un secret; il ne savait rien éprouver, rien supporter
à lui seul, ni dissimuler ses déplaisirs ou ses joies.
Son domestique l'aurait pu faire pendre vingt fois s'il
l'eût mérité. J'eus donc le journal de cette intrigue
jour par jour, car il voyait régulièrement mademoiselle
de Champigny dans le monde, notamment chez un
gentilhomme espagnol fort riche, grand amateur de
tableaux, réfugié en France par crainte des fusillades,
depuis que son pays connaît les douceurs des nouvelles
libertés politiques. Cet Espagnol s'appelait M. de Fuéntes; il avait tout récemment épousé une Française,
une petite femme sèche, noire, maigre, coquette, et
qui détestait Loisel parce qu'il n'avait pas l'air de la

remarquer. Il faut d'abord vous bien rappeler l'humeur agréable et fantasque de ce garçon, dont le caractère brillant vous est connu sans doute, mais sous un mauvais jour. Quand nous sommes encore à présent, entre amis, sur le chapitre de ses originalités, la soirée y passe souvent. Loisel était de bonne maison, il avait été riche, on le voyait assez par son éducation et par ses manières, mais il était devenu pauvre, et il ne put non plus le cacher. Ses amis le grondaient souvent de son désordre, qui n'était pas très-dangereux, puisqu'il n'avait rien à perdre; mais il lui arrivait souvent d'acheter de son dernier louis une cravache qui ne lui servait point, car il ne montait pas à cheval. Il mettait à ces extravagances une naïveté charmante qui désarmait même les grondeurs. Un jour il acheta un immense meuble qui venait de quelque homme d'affaires, une espèce de bibliothèque à casiers encombrés de cartons verts et bariolés d'étiquettes. Je trouvai, en entrant chez lui, cette machine qui tenait la moitié de sa chambre, où l'on ne voyait, du reste, qu'un lit et deux chaises.

— Eh! mon Dieu, qu'est-ce donc que ceci? m'écriai-je.

— Ah! ah! dit-il d'un air satisfait, je me range; c'est un meuble fort utile et dont je sentais le besoin depuis long-temps; il n'est tel que d'avoir ses aises chez soi. Je m'en vais me mettre bientôt à faire ma fortune, et ceci est pour mes paperasses.

Il ouvrit les deux battants de ce catafalque.

— Voyez-vous, reprit-il, on range ici les livres qu'il faut avoir sous la main, les dictionnaires de cabinet, les almanachs de commerce, les manuels et tout le bagage.

Il ouvrit ensuite les cartons l'un après l'autre.

— Ici, l'on serre les papiers de famille, les contrats, les lettres précieuses, les actes civils; là les papiers d'affaires, l'inventaire des biens, les titres, les baux, les devis, les papiers de contributions. Au-dessus je place les affaires en litige, au-dessous ma correspondance, mes dépenses courantes, les mémoires de mes fournisseurs; dans ce coin, je mettrai les cahiers de recettes, les quittances de mes locataires, les...

Il continua longtemps sur ce ton, mais tous les cartons qu'il ouvrait étaient vides; enfin, un petit papier s'envola de l'un des derniers.

— Ah! diable! dit Loisel en le ramassant, il faut que je songe à dégager ce bijou qui est une décoration enrichie de brillants. Mon grand-père l'a gagnée dans le Bosphore en délivrant deux frégates turques.

Je partis d'un grand éclat de rire. Ce monument ne renfermait qu'une reconnaissance du Mont-de-Piété et ne servit à rien depuis.

Une autre fois, justement dans le fort de sa passion pour mademoiselle de Champigny, et quand il n'avait pas encore ses entrées dans la maison, il s'avisa, comme elle devait aller le soir en visite, de l'attendre caché dans une voiture de place pour la voir passer et la suivre un moment, ce qui était pour lui d'une grande douceur, parce qu'ils ne se pouvaient voir que tous les quinze jours. Il était donc à son poste à l'heure convenue, caché derrière la portière et enveloppé dans son manteau, car il faisait très-froid; s'étant trouvé là, en vrai galant, deux heures trop tôt, il songeait à mademoiselle de Champigny; non content de songer à elle il se mit à lui faire des vers. Le voilà méditant, ruminant, regardant sans voir. Mademoiselle de Champigny, son père, sa mère, leur domestique, sortent, parlent, lui passent sous le nez. Ni le bruit de la porte, ni le bruit des voix, ni la lueur du fanal, ni la fourrure blanche qui couvrait les épaules chéries, ne le tirent de sa rêverie. A force de temps, il s'étonne, tire sa montre et demande au cocher, qui hésite et enfin qui dépeint les gens. Il s'écrie, il s'emporte : — Animal, ne pouvais-tu m'avertir ? — Et il laisse là cet homme, qui ne sait ce qu'il veut dire.

Tout le malheur de Loisel fut causé par une certaine dame d'Esparbieux, baronne équivoque qui avait long-temps voyagé et dont le personnage n'a jamais été bien net. Son mari était un prétendu diplomate, un intrigant mêlé aux troubles du Mexique et qu'on n'avait jamais vu. Par l'entremise des consuls, certaines re-commandations écrites de quinze à dix-huit cents lieues servaient de titre à sa femme pour se produire chez quelques Espagnols distingués établis à Paris comme M. de Fuentes. Elle était revenue en France depuis peu de temps, avec une grande fille sèche et laide comme elle et qu'elle menait partout. Loisel les vit chez M. de Fuentes, et, sur le bruit qu'on lui fit de l'esprit de ces deux femmes, il s'entretint obligeam-ment avec elles en deux ou trois rencontres. Il n'en fallut pas davantage pour l'en dégoûter, cela suffit aussi pour que la baronne songeât à le marier à sa fille. Loisel s'était lui-même jeté dans ce filet par cha-rité. Il dansait rarement, quoiqu'il dansât bien. Un soir, chez M. de Fuentes, il avisa mademoiselle d'Esparbieux qu'on avait cruellement laissée sur sa chaise depuis le commencement du bal ; cette ingrate figure, cet abandon, ce dépit qu'elle avait peine à cacher, le touchèrent; il la prit par la main et fut payé d'un sourire radieux; dès ce moment, madame d'Esparbieux fit courir le bruit que M. Loisel recherchait sa fille, et demanda conseil çà et là sur la manière dont elle devait l'accueillir. La chose vint aux oreilles de Loisel; il en rit sans rien répondre, tant il le croyait peu nécessaire; si bien qu'on put penser qu'il y avait quelque chose de vrai. Il va sans dire que madame d'Esparbieux, fort embarrassée de sa triste enfant, qui commençait à monter en graine, s'en serait bien volontiers déchargée sur Loisel, qui, après tout, faisait bonne figure et passait pour devoir être riche un jour.

Tout changea de face la première fois que Loisel vit dans la même maison mademoiselle Céleste de Champigny. Ils furent aussitôt attirés l'un vers l'autre, et Loisel, ce premier soir, ne causa guère qu'avec elle sans y songer. Cela fut très-remarqué à cause de ses assiduités prétendues auprès de mademoiselle d'Esparbieux, et on en tira des conséquences qu'il ne pouvait soupçonner.

Mademoiselle Céleste de Champigny ne paraissait dans le monde qu'en de grandes parures, toujours de meilleur goût, et cependant elle n'en avait pas besoin pour être remarquée entre toutes. Elle était d'une taille haute et noble; elle avait les épaules belles, le teint éclatant, deux grands yeux bien brillants, un front pur d'où tombaient à flots de chaque côté de beaux cheveux blonds, ajustés dans le goût des grandes dames de la cour de Louis XIV. Sa beauté était, dans la force du mot, éblouissante. Quand elle entrait dans le salon, on eût dit, pour Loisel surtout, qu'un nouveau jour se répandait à l'entour. Tout le monde savait qu'il était amoureux, et chacun en causait qu'il ne s'en doutait pas encore. Cependant madame d'Esparbieux et sa fille n'avaient point perdu tout espoir; la petite personne surtout y mettait l'âpreté d'une fille laide qui n'avait jamais passé si près d'un mari. Elles mirent dans leurs intérêts quelques familiers du lieu, et l'on débuta par un petit feu croisé d'aigreurs et de calomnies. On dit à Loisel que mademoiselle Céleste était une effrontée qui se jetait à la tête des gens, on dit à mademoiselle de Champigny que Loisel était un galant suspect qui n'avait que la cape et l'épée.

Loisel, en effet, ne laissait rien voir de bien clair sur sa fortune et sa condition. Cette espèce de mystère dont il s'enveloppait m'avait occupé souvent. Madame d'Esparbieux fit tant, qu'elle parvint à tout découvrir.

Loisel était d'une bonne famille, très incontestablement noble, du Roussillon. La révolution avait ruiné son grand-père, et jeté son père, encore jeune, dans une suite de voyages et de conditions où il avait perdu peu à peu les traditions de famille et jusqu'aux dernières traces de sa première éducation. Cela est arrivé à bien des gentilshommes dans ce temps-ci. Sous la restauration, il obtint pour son fils une bourse dans un collége ; mais, quant à lui, la gêne, la faiblesse, des défauts graves, l'abandonnèrent à des démarches dégradantes. Enfin, par suite d'un commerce de vins qu'il récoltait dans quelques bouts de terre, il se mit à vendre tout crûment du vin en boutique à Paris. Voilà la marque de fer rouge que Loisel cachait sous son habit à la mode. Son vrai nom, son nom de terre, était d'Esteille, mais il ne le portait point par grande honte. Il ne voyait plus son père, et vivait à Paris d'une rente fort modique que lui comptait un de ses oncles.

Sur ces entrefaites, M. de Fuentes donna un grand bal où nous allâmes tous. J'étais au courant des intrigues ; j'avais entendu tous les propos, et je pressentis que ce soir-là s'allait livrer un grand combat. On ne savait pas que je fusse lié avec Loisel comme je l'étais.

Je ne le vis point dans la journée et ne pus le prémunir contre ce qui pouvait arriver. Il dînait en ville.

Mademoiselle Céleste de Champigny parut d'abord avec sa mère et prit place d'un côté du salon; bientôt après, madame d'Esparbieux et sa fille vinrent se ranger justement en face, comme deux lignes d'échecs en bataille. J'étais dans un coin, d'où j'observais tout. On se mesura des yeux, on semblait s'entre-déchirer du regard, et je vis la d'Esparbieux chuchoter : on mettait en pièces sans doute la toilette de mademoiselle de Champigny. On avait remarqué je ne sais quelle vérité dans ses bouquets, et l'on prétendait en appliquer le langage.

La dame du lieu allait politiquement d'un camp à l'autre rehausser les courages, raffermir les rangs, flatter de la voix et du geste; mais elle était secrètement gagnée aux d'Esparbieux, parce que mademoiselle de Champigny l'écrasait de sa beauté et que Loisel semblait s'en douter.

Il faut dire pourtant que mademoiselle Céleste de Champigny mettait à tous ces manéges un grand dédain; sans s'en inquiéter, elle ne détachait pas ses yeux de la porte. Cela me plut.

Que faisait pendant ce temps-là Loisel, que je ne

m'étonnais guère de ne point voir arriver, tant je le connaissais? Loisel dînait, comme j'ai dit, avec des amis. Il s'était engagé à condition qu'on le relâcherait à huit heures ; mais on avait bu, on avait ri, on avait arrêté les pendules. Il sortit tard, s'habilla à la hâte, et nous arriva les cheveux en coup de vent, la cravate mal nouée, les yeux et le teint petillants. Je vis d'abord que sa verve fumait encore.-On faisait de la musique ; il s'arrêta à l'entrée du salon et me conta tout bas ses disgrâces ; tandis qu'il parlait le plus gaiement du monde, étouffant ses éclats et me forçant d'en faire autant, je vis tout à mon aise converger les regards dont il était le but.

Les chanteurs, qui n'étaient que des amateurs, voulurent bien enfin s'arrêter. Loisel s'en alla faire ses politesses aux gens qu'il connaissait avec plus de grâce et d'abandon qu'on ne lui en voyait d'habitude. Comme il tentait de se rapprocher de mademoiselle de Champigny, qui se tenait debout, la petite d'Esparbieux le prévint. Elle se mit entre eux deux, fit je ne sais quel compliment, et l'on ne put que parler chiffons.

— Le beau collier que vous avez là ! dit mademoiselle Céleste avec un intérêt véritable.

C'était une sorte de bijou vénitien, un collier de

petites pièces d'or enfilées par le milieu. Ces pièces sont des sequins du Levant qui n'ont plus cours. Le collier était en effet fort joli.

— Oui, cela est rare, dit la petite d'Esparbieux.

— Cela est si rare, reprit mademoiselle de Champigny, que j'ai fait écrire partout sans pouvoir en trouver.

— C'est mon père qui me l'a rapporté d'Amsterdam, où il l'a trouvé par hasard.

La musique préluda. Loisel dansait avec mademoiselle de Champigny ; elle lui dit encore en marchant :

— Comme ce collier est joli ; ne trouvez-vous pas ? C'est une parure rare et de bien bon goût ; il y a deux ans que je cherche le pareil, mais, ajouta-t-elle tristement, on n'en trouve plus.

On se mit à danser. Je ne sais ce qu'ils se dirent pendant cette contredanse ; pourtant Loisel m'a conté depuis qu'ils s'étaient pour la première fois parlé à cœur ouvert. Je crois même que mademoiselle de Champigny, en lui contant je ne sais quels mauvais propos tenus contre lui, le vit si pâle, qu'elle lui serra la main. Il était ébloui, transporté ; jamais il n'avait vu mademoiselle Céleste si belle ; jamais les traits de lumière qui partaient de ses beaux yeux n'avaient aussi

avant pénétré dans son cœur. La contredanse finie, il
s'accouda contre une porte et demeura immobile,
comme en extase, noyant éperdûment toute son âme
dans ce clair et tendre regard qui cherchait sans cesse
le sien ; il n'avait plus la tête à ce qu'on lui disait. Je
vis qu'il était fou d'amour ; madame d'Esparbieux le
vit bien aussi. En ce moment, il découvrit une place
vide à côté de mademoiselle de Champigny, et, sur
un signe imperceptible qu'elle lui fit, il s'y glissa ;
mais la d'Esparbieux, n'y tenant plus, se leva et l'obligea brusquement à lui céder la chaise. Elle parla fort
long-temps et d'un ton très-affairé à mademoiselle de
Champigny. Loisel ne douta pas qu'il ne fût question
de lui, mais il en chercha vainement le moindre signe
sur la physionomie de mademoiselle Céleste. Il faut
remarquer qu'il ne fit pas danser une fois mademoiselle
d'Esparbieux, ce qui mit au comble la rage de ces deux
femmes. Vers la fin de la soirée, il put enfin s'approcher de mademoiselle de Champigny, et la supplia de
lui répéter ce qu'avait pu lui dire madame d'Esparbieux. Mademoiselle Céleste se laissa presser longtemps.

— Des sottises, de mauvais propos ; j'ai peur de
vous affliger.

Il la pressa encore.

— On m'a dit que vous étiez sans fortune, que sais-je ? que vous méprisiez monsieur votre père parce qu'il faisait un certain commerce..... Mon Dieu ! je vous dis là... Vous êtes tout pâle... Ne croyez pas que j'en sois touchée le moins du monde ; soyez tranquille.

Un frisson courut dans tous les membres de Loisel ; son sang remonta vers la tête, ses yeux se troublèrent, sa langue s'épaissit. Il essaya de sourire, mais la pâleur et la grande émotion reprirent le dessus. Ces mots de *sans fortune* l'avaient accablé ; il s'était vu un moment quêtant de porte en porte avec le bâton et la besace. Enfin, on tenait son secret.

— Mon Dieu ! répéta mademoiselle de Champigny, j'avais raison, je le vois bien, je vous ai beaucoup affligé ; pardonnez-moi.

Il s'excusa, ne voulut point relever les propos, et s'assit dans un coin sans pouvoir dissimuler son abattement. On partit, mademoiselle de Champigny une des premières, et il n'osa point lui jeter un dernier regard. Madame d'Esparbieux passa devant lui en lui décochant un coup d'œil railleur, et, comme il levait les yeux, il vit au cou de sa fille ce même collier rare dont mademoiselle de Champigny avait si grande envie

et qu'on n'avait jamais pu lui procurer. Il s'indigna de
le voir étalé sur de pareilles épaules.

A quelque temps de là, nous nous plaignions, nous,
les amis de Loisel, de ne l'avoir pas rencontré depuis
deux mois. J'étais au fait des belles passions de solitude qui le prenaient par bouffées. J'allai le relancer
chez lui ; son portier me dit qu'il avait disparu depuis
trois semaines. Je trouvai fort singulier qu'il ne m'eût
pas prévenu. Enfin, je le rencontrai sur une place par
un beau jour de soleil ; je courus à lui, il m'accueillit
d'un air étonné et que j'aurais pris pour de la froideur
si je n'avais connu mon homme ; je lui fis de grands
reproches, qu'il reçut d'un air doux et sans y faire
beaucoup d'attention.

— J'étais à Venise, me dit-il.

— A Venise ?

— Oui.

Je demeurai stupéfait, je n'osais lui dire ce que je
voyais d'impossible à ce voyage dans l'état de sa fortune ; mais je touchai pourtant quelques mots sur les
difficultés d'une si longue course si promptement exé-
cutée.

— Bah ! reprit-il, cela n'est pas si loin qu'on pense.
On va de Paris à Genève d'un trait par la diligence ; le

lac n'est qu'une partie sur l'eau, le Valais n'est qu'une promenade jusqu'à Milan et de Milan à Venise ce n'est qu'une allée de jardin. Voyez la jolie fleur que j'en ai rapportée. Je vous jure que, lorsqu'on mange peu aux auberges, quand on ne craint guère la fraîcheur des nuits sur les impériales, et qu'on ne mène avec soi ni malles ni perroquets, cela revient à fort peu de chose.

Je lui demandai le motif de cette folie, que je ne soupçonnais que trop ; je voulus l'accompagner jusqu'au boulevard, il me pria de n'en rien faire. Sur le point de le quitter, je lui dis d'un ton d'intelligence :

— Eh bien ! quoi de nouveau ?

— Rien encore.

Il sourit en me serrant la main.

J'oubliais. Loisel disparut une seconde fois pour trois semaines ; il était allé à Hambourg, toujours pour ce diable de collier.

Avant la fin de la saison je me trouvai encore une fois chez M. de Fuentes. Plusieurs personnes me demandèrent des nouvelles de Loisel, on s'étonnait de sa longue absence ; les d'Esparbieux s'en attribuaient la gloire ; elles pensaient que leurs insinuations avaient porté coup, et se consolaient de perdre de vue Loisel pourvu qu'il n'en fût plus question pour mademoiselle

Céleste. Tout à coup, et comme il était déjà tard, il parut lui-même tout pimpant, le visage gai, comme s'il nous eût quittés de la veille. Je ne reconnaissais plus mon amoureux du mois dernier. Son entrée, comme on pense, fut un coup de théâtre pour les initiés. On en causa beaucoup dans certains coins. Les deux partis qui se partageaient la compagnie, à forces bien inégales, se mirent sous les armes : d'une part, mademoiselle de Champigny, sa mère et son oncle, qui du reste ne sortait jamais des salles de jeu ; de l'autre, les d'Esparbieux, appuyées de la maîtresse du logis et de leurs alliées ordinaires. On s'attendait de ce côté à l'éclat d'une rupture que six semaines n'avaient que trop annoncée. Tous les regards se fixèrent alternativement sur la porte où Loisel venait de paraître et sur mademoiselle de Champigny. La première contredanse devait tout décider.

Le petit Xavier s'approcha de Loisel d'un air malin et lui dit :

— Je vous conseille de ne pas danser. — Mais, au grand étonnement de la compagnie, Loisel s'approcha de mademoiselle de Champigny et lui dit quelques mots de l'air le plus dégagé. On interpréta cette manœuvre, et l'on insinua que Loisel avait voulu poliment marquer son indifférence et que les quelques mots dits en l'air à mademoiselle Céleste ne signifiaient qu'un grand détachement et une grande liberté d'esprit. La contenance de mademoiselle de Champigny accrédita ce bruit. Elle parut assez triste et embarrassée. Enfin toutes les espérances furent dépassées et les chants de victoire éclatèrent quand on vit Loisel s'approcher de mademoiselle d'Esparbieux et s'asseoir près d'elle comme pour causer longtemps. Un sourire vainqueur s'épanouit sur le visage de la petite personne, qui ne put s'empêcher de jeter un regard sur le coin du salon où étaient madame de Champigny et sa fille. Quand cet entretien eut dépassé cinq minutes, la baronne d'Esparbieux elle-même ne se posséda plus, elle éleva la voix ; elle disait très-haut, et d'un air animé, des choses insignifiantes ; elle riait aux éclats de la réponse avant de l'avoir entendue, le tout mêlé d'œillades triomphantes sur sa fille et les dames de Champigny ; il n'est pas jusqu'aux panaches de son chapeau qui ne semblassent tressaillir de joie. Aux premiers sons de la musique, Loisel offrit encore sa main à mademoiselle d'Esparbieux, et la baronne sa mère faillit se lever pour les suivre. Loisel avait l'air fort empressé, la baronne ne perdit point de vue le moindre mouvement de ses bras ou de ses lèvres. Cependant cette conversation n'avait pas tout l'intérêt qu'on aurait pu supposer. Loisel fit d'abord des compliments d'une grande banalité sur la coiffure, le bouquet et le reste. Il s'arrêta au collier, qui était ce collier qu'on avait déjà vu et dont les pièces d'or portaient des effigies et des inscriptions orientales d'un goût fort bizarre. Il s'appesantit sur la rareté de ce joyau; il ajouta cependant qu'on en pouvait trouver, pensait-il, à Smyrne ou au Caire. Mademoiselle d'Esparbieux répondit d'un air tout confit en grâce :

— Vous vous trompez, monsieur : ce collier, je crois bien, est unique, il est fait d'une monnaie qu'on ne connaît plus. Mon père l'a trouvé par hasard chez je ne sais quel juif. Il n'a du reste aucune valeur, et je n'y tiens pas le moins du monde. Je n'en ai jamais vu qui lui ressemblât.

Loisel reprit poliment qu'il n'en était que plus précieux et détourna la conversation. Personne ne vit le regard rapide qu'il jeta sur mademoiselle de Champigny, dont la tête était baissée en ce moment. Le gonflement de sa poitrine n'échappa point à mademoiselle d'Esparbieux qui s'en fit honneur. La danse finie, Loisel la reconduisit à sa place, et se remit auprès d'elle.

Pour le coup la baronne promena des regards triom-
phants sur les gens de son parti. La victoire était d'autant plus éclatante qu'elle était inespirée. Des gens
qui, d'habitude, coudoyaient Loisel, lui faisaient excellent visage. Il ne prenait garde à rien de tout cela et
ne se détournait point de sa conversation.

Mademoiselle de Champigny était calme, sans affec-
tation, et l'œil le plus pénétrant ne put deviner les pensées qui passaient sous son beau front. Un des jeunes
gens du salon, sans malice et hors du complot, lui
adressa la parole ; elle trouva un sourire ; sa mère se
pencha vers son oreille, elle lui répondit sans paraître
émue ; pas un mouvement ne la trahit, elle ne tourna
pas la tête sans sujet, elle ne rajusta rien à ses gants
ni à ses cheveux ; elle n'affecta point de regarder du
côté de mademoiselle d'Esparbieux, et son regard, s'y
étant porté par hasard, ne s'y arrêta point trop longtemps. Il était clair pour les familiers du lieu que cette
scène occupait l'assemblée entière et que toute l'attention se concentrait sur ces trois personnages, mais Loisel était si étourdi qu'il n'y prit pas garde. Ce sont de
ces bévues qui l'ont fait passer pour un sot auprès de
bien des gens, de ceux qui s'imaginent que l'esprit
consiste à bien marquer ses points au loto.

La baronne d'Esparbieux, confondue par ses succès, jugea qu'il fallait porter les derniers coups sans perdre de temps. Par une de ces manœuvres familières aux femmes de son monde, elle fit lever un pauvre vieillard qui n'en pouvait mais et s'installa, dans sa grosse joie, auprès de Loisel, qui lui tournait le dos en parlant à sa fille. Enfin elle se pencha vers lui, les yeux allumés, et se récria sur le plaisir qu'elle avait à le voir danser, lui qui d'habitude était si grave, si grave, *que c'était une vraie pitié;* ce furent ses propres termes. Elle ajouta un flux de paroles assourdissantes et de grands compliments, sans songer qu'elle l'avait accablé de son mépris et de ses insultes devant ces mêmes personnes qui étaient là; elle n'avait pu attendre la fin de la soirée pour tenir de sa fille les détails de cet entretien, et finit par se glisser en tiers dans la conversation.

L'heure s'avançait; elle sentit combien il était important pour son triomphe que Loisel ne retournât pas une seule fois auprès de mademoiselle de Champigny. Par crainte de ce revers, elle se leva brusquement en disant à sa fille qu'il fallait partir. Loisel s'offrit à les accompagner avec un tremblement qui passa pour de la timidité. La baronne, transportée au delà de son but, n'attendit pas la fin de la phrase, qu'elle interrompit

9

par une acclamation et de feintes excuses faites à voix haute. Elle acceptait l'offre de M. Loisel, et, pour y mettre plus d'éclat, elle lui fit traverser le salon derrière elle, avec grand fracas. Loisel n'osa point lever les yeux sur mademoiselle de Champigny.

Je ne sais comment Loisel employa sa soirée auprès de mademoiselle d'Esparbieux, mais il est probable qu'il l'employa bien pour ses projets. Il n'avait glissé d'abord que des galanteries fort plates et fort indirectes, mais qui pouvaient servir de prélude à tout rajuster ; la demoiselle d'ailleurs s'y prêtait. Il renoua bientôt tous les projets anciens, demanda l'heure des visites, le tout du meilleur ton qu'il put.

Dans l'escalier, la baronne passa seule en avant avec une discrétion toute maternelle. Loisel sentit le prix de cette attention et ralentit le pas de son côté. Il y avait quelques motifs à cette liberté qu'on laissait aux deux jeunes gens. La baronne ne pouvait douter, après ce qui s'était passé entre eux au commencement de l'hiver, que cette soirée ne fût décidément significative ; elle en était ravie et voulait à tout prix précipiter le dénoûment.

Une dernière préparation ne coûta à Loisel que le temps de descendre dix marches. L'émotion de mademoiselle d'Esparbieux rendait tout facile ; il lui adressa, grâce à l'obscurité, quelques phrases fort vives ; elle répondait à mots entrecoupés, presque inintelligibles, et fort troublée plutôt par vanité que par de plus doux sentiments dont je ne la crois guère capable. Loisel lui prit la main, qu'elle appuyait sur son bras avec beaucoup d'abandon. Cette hardiesse mit le comble au désordre de la demoiselle ; il lui demanda avec une passion bien jouée un souvenir de cette soirée, une fleur, un gant. — Votre collier ! s'écria-t-il ; et, à la faveur d'une phrase fort embrouillée, il lui passa un bras autour de la taille, posa ses lèvres sur son épaule, et elle sentit glisser sur son cou le froid du métal qui lui donna le frisson. Elle demeura tout émue et ravie, sans compter que le don de ce collier enlevé avec cette chaleur était d'un romanesque auquel la pauvre fille ne pouvait jamais espérer d'atteindre. — Vous me le laissez, n'est-ce pas ? dit Loisel du même ton.

Elle hésita et dit enfin d'une voix mourante : — Oui.

Pendant ce temps-là, la baronne criait en bas d'une voix nasillarde, indiquant quelque précaution à prendre le long des degrés. Loisel monta dans leur voiture et leur fit raison des propos agréables dont elles l'accablaient.

Le lendemain, madame d'Esparbieux voulait envoyer chercher dans le salon et l'escalier de M. de Fuéntes le collier que sa fille prétendait avoir perdu ; mais la chère enfant, ne pouvant suffire toute seule à sa joie, se laissa aller à lui dire ce qui en était. La chose fut bien prise, et la mère en eut presque autant de joie que sa fille.

Vous croyez peut-être qu'à la suite de ces traverses tout demeura rompu entre Loisel et mademoiselle de Champigny. Il n'en fut rien. Environ vers ce temps-là, l'oncle de mademoiselle de Champigny reçut la lettre suivante, qui accompagnait un petit coffret de bois des îles.

« Je sais à quel point vous aimez mademoiselle de Champigny, et quel plaisir vous vous faites de contenter ses moindres désirs. Vous avez dû longtemps chercher le bijou que voici. J'ai eu le bonheur de le trouver. Permettez-moi de vous l'offrir, monsieur ; cela est sans difficulté entre nous, et je vous supplie de l'accepter pour mademoiselle votre nièce. »

L'été tout entier s'écoula sans que Loisel reparût chez la baronne d'Esparbieux. Pendant ce temps-là, ses affaires prirent une face bien nouvelle ; il fut présenté chez madame de Champigny. On ne voulut pas croire, ou l'on ne voulut pas remarquer ce qu'on avait

dit de sa famille ; on le reconnut pour un honnête garçon, plein d'honneur, d'esprit et de distinction. Il demanda la main de mademoiselle Céleste, et fut agré.
On ne pensait plus ni à M. de Fuentes, qui avait fait un
voyage en Espagne, ni à madame d'Esparbieux qui
décidément était allée s'enterrer dans une province.

Loisel était alors tout à sa joie ; nous ne le voyions
plus qu'à de longs intervalles, et, quoiqu'il eût tenu son
engagement fort secret, quelque chose en avait transpiré. J'ai fort peu de détails sur la manière dont il passa
ce temps, c'est-à-dire depuis environ le carnaval jusqu'au 17 septembre, qui était la surveille du jour fixé
pour son mariage. Je pense seulement qu'amoureux
comme il était, et bien venu dans la maison de mademoiselle de Champigny, qu'il voyait tous les jours, il
vécut comme le plus heureux homme du monde.

Pour ce même jour du 17 septembre, nous recevons
inopinément une lettre d'invitation de M. de Fuentes,
qui s'était avisé de revenir à Paris et qui voulait y renouer ses relations. Vous savez comme le monde est
mêlé dans ces salons d'étrangers. Je rencontrai, le
matin, Loisel, qui me conta tout son bonheur et m'invita de vive voix à sa noce pour le surlendemain. Je
lui demandai s'il viendrait le soir chez M. de Fuentes ;

il me dit qu'il y était bien forcé, puisque la famille de
mademoiselle de Champigny ne s'en pouvait dispenser;
il ajouta même, avec humeur, qu'au point où il en
était toute distraction lui était à charge; et quand j'ai
songé depuis à ce qui se passa, je me suis bien expli-
qué ses tristes pressentiments; mais je suis sûr que le
plus grand risque qu'il pût courir à cette assemblée
ne lui vint pas seulement à l'esprit. Cette réunion avait
été prônée à grand fracas comme un concert où l'on
entendrait les plus belles voix de Paris.

Je me rendis à l'invitation, avec l'espoir de retrou-
ver quelques amis, mais surtout Loisel. Je le vis arriver escortant la famille de Champigny, comme un
homme dont le mariage est assuré. Les maîtres du logis, et ceux de leurs amis qui apprirent le projet, furent bien forcés de s'y soumettre; ils firent mille grâces aux jeunes gens et à leurs parents. Loisel, appuyé
de sa nouvelle famille, prit ses aises dans la maison.
Une cantatrice en vogue se mit au piano et chanta
l'air touchant de Desdemona. Par extraordinaire Loisel
écoutait; ses yeux, fixés sur mademoiselle de Champigny, s'éteignirent en rencontrant un de ses regards, et
et il tomba dans une espèce d'extase. Tout à coup son
œil s'arrêta, son front pâlit : madame la baronne d'Es-

parbieux et sa fille venaient d'entrer; elles s'arrêtèrent un moment à la porte à cause de la foule, puis elles s'insinuèrent avec force révérences à la suite de la maîtresse de la maison. Ces dames étaient depuis cinq jours à Paris, où elles ramenaient un neveu dans son collége, après les vacances.

Loisel jeta un regard sur les épaules de mademoiselle de Champigny, et sentit comme une sueur par tout le corps; elle portait le collier de sequins. La musique continuait; mademoiselle de Champigny, qui avait rencontré le dernier regard de Loisel, laissait le sien fixé sur lui, en s'étonnant qu'il ne levât plus les yeux.

En même temps, le colloque suivant s'engageait à l'autre bout du salon. La baronne, du premier coup d'œil, avait aperçu Loisel et sur quel pied il était avec les Champigny; elle fit un signe à madame de Fuentes, qui vint avec un sourire d'intelligence.

— Ah çà! mais dites-moi donc.....

— Eh! oui, voilà où nous en sommes.

— Comment?

— Ah! c'est juste, vous arrivez, vous ne savez rien de nouveau. La chose est arrangée, décidément. Nous nous épousons, et pas plus tard qu'après-demain. Rien n'y a fait. Vous arrivez pour la noce.

— Ah! s'écria mademoiselle d'Esparbieux, toute scandalisée.

— Oui dà! dit la mère en s'efforçant de sourire.

Elle jeta les yeux sur mademoiselle de Champigny, et fit un second geste de surprise en saisissant le bras de sa fille. Madame de Fuentes les avait quittées pour aller recevoir du monde. Dès ce moment, elles ne cessèrent de chuchoter entre elles. Enfin elles se levèrent comme pour causer de place en place, et, s'étant dirigées vers mademoiselle de Champigny, la baronne, après l'avoir saluée avec beaucoup de grâce, jeta un coup d'œil rapide sur sa personne, et lui dit tout à coup :

— Quel joli collier vous avez là !

Mademoiselle de Champigny sourit sans répondre ; elle ne voyait là qu'une épigramme. Mademoiselle d'Esparbieux, qui avait un collier pareil, voulait lui reprocher sans doute d'imiter platement ses parures.

La baronne reprit :

— Où trouve-t-on ces jolies choses-là ?

— Madame, dit froidement mademoiselle Céleste, on me l'a donné.

La baronne y porta la main et toucha les pièces l'une après l'autre jusqu'à celle qui couvrait le fermoir,

qu'elle examina attentivement. Elle dit encore quelque
chose tout bas à sa fille ; mademoiselle de Champigny
crut simplement qu'elles se communiquaient quelques
nouveaux quolibets. Elles allèrent ensuite trouver la
maîtresse de la maison, et eurent avec elle un long
colloque, que la baronne entama brusquement par ces
mots : — Cela n'est pas fait. — Madame de Fuentes
parut y prendre part. On y joignit à mesure d'autres
personnes. En quelques minutes, la conspiration fut
ourdie, le mot d'ordre répandu, et le salon sembla
s'apprêter pour une scène à grand effet.

La baronne, pâle, les yeux troublés, les lèvres blanches et pincées, s'alla planter devant la banquette où
étaient groupés mademoiselle de Champigny, sa mère,
son oncle, Loisel, et, commençant d'abord d'une voix
basse et tremblante :

— Est-il bien vrai, madame, que vous donnez votre
fille à monsieur que voilà ? J'aurais bien voulu vous en
faire compliment, mais en vérité je ne le puis pas. Vous
me remercierez de l'avis, monsieur ne peut épouser
personne.

— Madame ! interrompit mademoiselle de Champigny suffoquée.

— Qu'est-ce que c'est ? qu'est-ce que cela signifie ?

balbutia le vieux M. de Champigny, qui était un pauvre homme tout bon et tout timide.

Dès ces premiers mots et comme de concert un silence glacial régna dans le salon; les gens qui n'étaient pas au fait avaient des visages à peindre.

— Oui, monsieur, oui, madame, reprit la baronne en haussant la voix, j'ai mes preuves et vous concevez que je ne me risquerais point sans de bons motifs à une pareille démarche. Je veux vous rendre service malgré vous-même. C'est monsieur sans doute qui a fait présent de ce collier à mademoiselle?

— Eh bien, madame?

— C'est tout simple, il ne lui coûtait pas cher; ce collier est à ma fille. La preuve est là : son chiffre est sur le fermoir, vingt personnes le reconnaîtront. Ce collier, ma fille l'a perdu un soir que monsieur nous accompagnait; maintenant, comment il s'est retrouvé dans ses mains, s'il l'a trouvé, s'il l'a pris, c'est à lui de nous le dire s'il l'ose.

La baronne répétait chaque phrase deux fois et fort vite d'un ton accablant. M. de Champigny reprit :

— C'est impossible, madame... c'est une scène affreuse... Monsieur Loisel... je vous en prie...

Il regarda la baronne, il regarda Loisel les yeux humides et suppliants :

— Répondez, monsieur.

Loisel employait toute sa force à regarder fixement la baronne, et, par un orgueil qui aveugle certains esprits en de pareilles extrémités et les pousse à mettre maladroitement les choses au pire, il dit d'une voix altérée, avec une grimace qui voulait être un sourire :

— Je l'ai pris, sans doute.

— Ah! vous l'avouez! dit la baronne avec éclat. Maintenant, madame, c'est à vous de voir si vous pouvez donner votre fille à un homme qui fait de ces tours-là.

Madame de Fuentes et son mari saisirent ce moment pour interposer quelque phrase conciliante et embrouillée. Mademoiselle de Champigny laissa tomber sa tête sur l'épaule de sa mère. Mademoiselle d'Esparbieux d'un autre côté se donnait les airs d'une attaque de nerfs. La baronne elle-même feignit d'être accablée par l'effort qu'elle avait fait. Ce n'étaient de toute part que gémissements, flacons ouverts et mouchoirs déployés. M. de Champigny frappait des mains en bégayant : — Mon Dieu, mon Dieu! a-t-on jamais rien vu de pareil? — On ouvrait les fenêtres, on s'empressait autour des dames, on s'étonnait, on causait dans tous les coins ; quelques jeunes gens riaient. Loisel, au milieu d'un groupe d'hommes, dit avec le même sourire : — Je n'ai plus qu'à me retirer. — Il trouva la porte à reculons et disparut.

Vous croyez peut-être que tout ceci se rajusta aisément, que Loisel donna des explications comme il le pouvait, qu'il décida mademoiselle d'Esparbieux à parler, qu'on fit promptement justice de la sottise et de la méchanceté de ces femmes qui voulaient le faire passer pour un voleur, qu'on reconnut l'extravagance de la scène, qu'elle fut oubliée, et que Loisel un peu plus tard épousa mademoiselle de Champigny comme si de rien n'était. Mais ce pauvre garçon avait une de ces imaginations malheureuses qui portent tout à l'extrême, que le moindre revers désespère et qui n'y voient plus de remède. Il quitta Paris le lendemain et s'en alla sottement se faire tuer en Afrique dans un obscur engagement où il se battait en qualité de volontaire. Nous apprîmes sa mort six mois après.

J'étais presque sûr qu'il ne s'était point justifié, même auprès de mademoiselle de Champigny, et j'ai vu bien des gens qui croyaient à l'histoire du vol. J'en ai détrompé le plus que j'ai pu ; surtout je ne voulus pas que cette honte pesât sur la mémoire de Loisel aux yeux de la pauvre femme qu'il avait aimée. J'écrivis à mademoiselle Céleste une lettre sans signature où je lui racontais toute la scène de l'escalier, que je savais, quel en avait été le motif, et les voyages entrepris par Loisel pour lui trouver le fatal bijou qu'elle désirait. Je suis sûr que mademoiselle de Champigny m'a envoyé bien des remerciements anonymes comme ma lettre.

Elle est morte il y a un an à pareille époque, au mois de mai, d'une maladie de poitrine à ce qu'on m'a dit. Elle avait refusé depuis bien des partis. Toute sa famille était détrompée sur le compte de Loisel. La baronne et sa fille s'en étaient retournées dans leur province avec leur collier.

On m'a dit un détail de la mort de mademoiselle de Champigny qui me fait venir les larmes aux yeux quand je pense au pauvre Loisel. Quand on mit en ordre sa chambre de jeune fille (car sa mère, madame de Champigny, voulait aussi quitter Paris), ou plutôt quand on mit au pillage ses petits meubles, ses boîtes, sa musique, qu'on laissa bouleverser par je ne sais qui, on découvrit dans le fond d'un meuble, au chevet de son lit, un coffret bien fermé et dont on ne trouva pas la clef. La femme de chambre, en y voyant toucher, jeta

un cri d'effroi par un reste d'habitude, comme s'il se
fût agi d'une profanation : — Oh ! je ne sais ce qu'il y
a là-dedans, mais mademoiselle m'avait bien défendu
d'y toucher. J'ai vu souvent ce coffre sur son lit, et elle
le cachait quand j'arrivais.

On fit briser la serrure, et l'on y trouva tout au fond
une petite pièce d'or étrangère enveloppée d'un morceau
de satin et ternie par les baisers et les larmes de mademoiselle de Champigny. C'était un des sequins qu'elle
avait gardé en renvoyant le fameux collier.

LES GARNACHES

LES GARNACHES

I

Nazarille avait laissé dans son pays un vieux parent du côté de son grand-père, un cousin à quelque degré douteux auquel il ne songeait guère et dont le bien devait un jour lui revenir. Il avait de tout temps entendu parler dans sa famille de cette succession, mais il n'avait là-dessus que des souvenirs très-vagues et des renseignements très-insuffisants.

Ce vieux parent s'appelait Bernard; il demeurait seul au bout d'un faubourg; il n'avait ni femme ni enfants; il paraissait rarement dans les rues, et, pour ces diverses raisons, c'était un de ces habitants qu'on oublie un peu dans les bruits quotidiens d'une petite ville. On disait seulement qu'il était fou, et l'on faisait bon marché du reste; en effet, il avait toujours montré un caractère sauvage et singulier.

Il passait pour riche dans le pays, c'est-à-dire qu'on lui connaissait un petit revenu de deux ou trois mille livres qu'il devait entasser tous les ans. Il avait sur le bord de la rivière une assez belle étendue de terrains d'un bon rapport, une maison qu'il habitait, et un moulin qu'il louait. Le plus clair de cet avoir lui venait d'héritages de famille, et notamment d'un de ses oncles, curé dans un village des environs; mais ce bien, quoique négligé, s'était accru à la longue comme ces plantes sauvages qu'on laisse courir sur les murailles. Cette comparaison convient en partie à l'homme lui-même. Il n'avait jamais quitté le pays ni sa maison; il y vivait de la même manière depuis sa naissance : on ne se souvenait point de l'avoir vu plus jeune, plus sociable, ni même autrement vêtu.

Sa maison était bâtie à mi-côte au milieu de ces vignes, qui s'étendaient en amphithéâtre sur le bord de l'eau. C'était une jolie fabrique blanche, à volets verts, couverte de tuiles rouges, et dont la façade était ombragée d'une treille épaisse sous laquelle gisaient depuis vingt-cinq ans une table et deux bancs rompus. Riante et bien exposée, assez isolée d'ailleurs sur cette rive qui servait de promenade, elle avait acquis un certain renom dans la topographie des environs ; la vigne qui s'étendait alentour était close de toutes parts d'un mur blanc qui serpentait sur la côte et s'ouvrait sur le bord de l'eau par une porte à grille de bois peinte en vert, séparé de la rivière par un petit chemin tapissé d'un gazon frais et menu.

Bernard, depuis vingt-cinq ou trente ans, n'avait point fait réparer cette habitation, en sorte qu'elle se dégradait d'année en année, au grand scandale des gens de l'endroit, qui de père en fils se donnaient rendez-vous pour goûter sur l'herbe à *la vigne de Bernard*. Les enfants surtout attachaient grand intérêt à une peinture qui représentait au-dessus de la porte une dame indienne dans son palanquin, et la voyaient à regret s'effacer tous les jours. Beaucoup s'en souviennent encore avec plaisir.

Bernard avait été lié de tout temps avec le vieux Laflèche, le grand-père de Nazarille. Les commencements de cette liaison se perdaient dans les souvenirs du premier âge ; de plus, Laflèche était le seul proche qui lui restât. Bernard s'était donc attaché à lui comme au seul être qu'il pût aimer ici-bas. Laflèche était d'ailleurs un homme aimable, vif et plein d'esprit naturel ; il avait bien saisi le caractère timide et mélancolique de son parent ; il le mettait à l'aise, il le traitait avec une cordialité brusque, enfin il le faisait rire. C'était encore un moyen de le captiver, car le pauvre Bernard ne riait pas souvent. Toutes les fois qu'il venait à la ville, c'est-à-dire tous les six mois, il allait donc voir Laflèche, il venait même parfois exprès pour lui. Celui-ci poussait un cri et lui frappait sur l'épaule ; ils dînaient ensemble. Bernard riait comme un fou, il admirait la gaieté de Laflèche et s'en retournait à sa vigne avec de la joie pour toute la semaine. Quand il parlait de Laflèche, il se déridait et disait :

— Laflèche !... Oh ! il n'est pas embarrassé, celui-là.

Et il levait les sourcils en pinçant la bouche.

Quand Laflèche eut des enfants, Bernard les aima comme les siens propres ; il disait souvent dès lors qu'il leur laisserait son bien, car il ne voulait pas se marier et n'était plus d'ailleurs en âge d'y songer. Il s'attacha surtout à la petite Chloé, la seconde fille de Laflèche, qui fut depuis la mère de Nazarille.

Comme elle commençait à grandir, l'hypocondrie gagna tout à fait ce pauvre Bernard ; il ne sortait plus même pour aller chez Laflèche ; ils commencèrent à passer des années entières sans se voir, bien qu'il y eût à peine un quart d'heure de chemin de la maison de Laflèche au bout du faubourg ; mais, en province, les distances changent de mesure : on ne se visite pas plus souvent des deux extrémités d'une sous-préfecture que d'un bout à l'autre d'une capitale. D'ailleurs, Laflèche avait ses habitudes, ses occupations ; il eût fallu des événements bien extraordinaires pour le décider à passer sa capote dans l'intention d'aller *au delà du pont*. Seulement deux ou trois fois l'an, on y menait la petite Chloé, pour laquelle on connaissait le faible du bonhomme. Quant à lui, on finit par l'oublier dans la ville, où il passait déjà pour idiot.

Quand Chloé fut grande, et même mariée, elle conserva l'habitude d'aller de temps en temps voir Bernard ; il lui donnait deux figues de son jardin comme quand elle était enfant, et lui criait :

— Tu sais, Chloé, tout ce que j'ai est pour Laflèche, pour toi !

Il était devenu très-sourd. A la mort de Laflèche, il dit encore formellement à Chloé qu'elle serait sa seule héritière. En effet, il ne restait plus qu'elle des trois enfants de Laflèche.

Cependant, comme Bernard était d'une santé excellente et que son train de vie l'empêchait de vieillir, on n'avait jamais trop compté sur ses promesses. Chloé, depuis son enfance, l'avait toujours vu vieux et toujours le même ; elle avait entendu dire souvent à son père : — Ce vieux Bernard ! il nous enterrera tous. — Elle s'était donc lassée de penser à un héritage qui se faisait attendre si longtemps. Après la mort de ses parents, quand elle fut obligée de quitter le pays, elle n'eut aucun égard à ce qu'on lui disait, qu'il n'était pas prudent de perdre de vue Bernard et ses vignes ; elle était trop convaincue que ce bien lui appartiendrait pour s'en inquiéter. Bernard, sans parents, sans amis et inabordable, ne pouvait changer de dispositions. Cependant elle ne voulut rien négliger ; elle laissait au pays deux vieilles parentes, une tante et une cousine, qui lui étaient fort obligées, et que Bernard n'avait jamais voulu voir : elle les chargea, avant de partir, de surveiller pour elle le bonhomme et la succession.

Cette tante et cette cousine étaient la femme et la fille d'un oncle maternel de Chloé, qui avait quitté la

ville fort jeune et qui s'était marié en Piémont ; il en
avait ramené ces deux femmes, et les avait laissées en
mourant sans ressources. On les appelait *les Garnaches*, de je ne sais quel prénom italien de la mère que
les habitudes de bavardage et la manie des sobriquets
avaient étendu sur la fille, dont le vrai nom piémontais
était Nina, et par corruption patoise Ninette. Ninette
avait déjà trente ans quand son père mourut. La mère
et la fille s'ingénièrent pour parer à la misère ; Ninette
apprit à faire du petit point, la vieille Garnache se mit
à tricoter des bas, mais ces gains, extrêmement faibles, ne suffisaient point ; elles n'auraient pu vivre
sans Laflèche et sa famille, qui leur rendirent mille
petits services. On ne faisait point de grandes provi-
sions, on ne tuait point de porc que les Garnaches
n'eussent leur part. Tantôt c'était Chloé qui leur envoyait un panier de fruits en faisant son marché, tantôt
c'était sa mère qui leur rapportait des légumes de la
campagne ; quand on pétrissait pour la maison, on ne
manquait point de leur faire un pain ; l'hiver, elles
allaient passer leurs soirées devant le grand foyer des
Laflèche. Au reste, elles vivaient fort retirées, et parlaient à peine le langage du pays ; la mère surtout,
ayant brouillé autrefois le pur italien avec le patois

génois, qui était sa langue maternelle, et se trouvant
alors entre le bon français et le patois du Midi qu'elle
entendait parler autour d'elle, avait fini par s'exprimer
dans un jargon inintelligible ; en sorte qu'à part les
Laflèche, les Garnaches n'étaient guère connues que de
vue et de nom dans la ville. Elles passaient pour de
grandes dévotes, mais elles avaient une physionomie
particulière parmi les commères, qui forment en province une espèce de corporation. Leur manière de
vivre tenait du prodige, même dans un pays où l'on
vit de si peu. On contait qu'elles passaient tout un
jour avec une poignée de fèves tendres. Il est certain
que l'extrême besoin et les habitudes d'économie, se
combinant dans le cerveau de deux femmes rapaces,
minutieuses et vieillies dans la pauvreté, avaient enfanté
des moyens d'épargne vraiment extraordinaires ; leur
plus grande dépense de table montait à un sou ; elles
comptaient par liards ; elles avaient un système alimen-
taire particulier : au lieu d'aller au marché, elles s'allaient promener de temps à autre hors la ville, le long
des potagers, où elles obtenaient des jardinières, souvent pour rien, une botte de légumes, quelque courge
trop mûre, quelque monceau de fruits de rebut. Cette
provision leur durait une semaine. Les raffinements

d'économie les plus incroyables, l'idéal des mères de famille en fait d'expédients, étaient pour elles d'une famélique exactitude ; elles faisaient deux plats d'une botte de radis ; on mangeait le fruit d'abord, et les feuilles ensuite.

Elles demeuraient à quelques pas de l'église Saint-Saturnin, dans une rue étroite où le vent, s'engouffrant le long des grands murs de l'église, mugissait et soufflait toute l'année de la même force. Chaque femme qui tournait le coin de cette rue prenait aussitôt l'allure d'une galiote à voile ; les mauvais sujets de l'endroit allaient assister par plaisir à la sortie des offices pour se donner le spectacle du passage de ce détroit tempétueux et tristement fameux par les naufrages.

Les Garnaches avaient là, sur le derrière d'une maison, un logement bas et humide donnant sur un jardin de huit pieds carrés qui avait l'air d'une tombe ouverte ; entre les quatre murs, s'étouffait un vieux figuier pelé, l'espoir de toute l'année. Ninette trouvait moyen de semer alentours, entre des pavés, un peu de persil et des haricots de couleur qui grimpaient aux murs. Le logement, composé de deux pièces qui prenaient jour sur ce jardin, était à peine clair en plein midi ; cette obscurité laissait entrevoir, en guise de

meubles, certains coffres de bois blanc, droits, angu-
leux, carrés, qui pour la plupart affectaient la forme
d'une bière.

Ces deux femmes vivaient dans une union très-res-
pectable au dehors ; ce n'était ni tendresse, ni bonté
d'âme, mais faiblesse d'entendement. La grande habitude de vivre ensemble avait fini par confondre, pour
ainsi dire, deux esprits de même trempe ; on ne les
voyait jamais l'une sans l'autre ; en parlant, elles disaient souvent la même phrase à la fois. La ruse et la
dévotion ajoutaient à leur accent étranger je ne sais
quoi de dolent et d'obséquieux ; leurs manières affec-
tueuses, leur dissimulation, leur rapacité bien connue,
leur avaient valu une réputation de grande finesse.
Elles étaient fort superstitieuses plutôt que dévotes,
et ne connaissaient rien mieux, après le calendrier,
que les divers préjugés en vigueur dans le pays sur le
bonheur, le malheur et les êtres surnaturels. Deux ou
trois fois, dans leur dénûment, elles trouvèrent moyen
de mettre à la loterie. Ninette avait conservé de son
origine génoise un regard furtif et perçant qu'elle jetait
de côté par l'habitude de porter un voile ; sa physionomie n'avait d'autre caractère de son pays que la grossièreté et la rudesse ; elle avait de grands yeux noirs,

des sourcils épais, le teint brun et bilieux. Un bandeau blanc et plaqué sur son front cachait ses cheveux et donnait à son air quelque chose de monastique. On a dit qu'elle avait passé trente ans, mais elle avait une de ces figures qui sont vite à l'abri du temps, si bien qu'à les voir sortir côte à côte, la fille et la mère, on distinguait à peine quelque différence entre elles. Comme elles ne sortaient qu'à la nuit tombante, encapuchonnées par-dessus leurs coiffes d'une mantille noire à grandes barbes, les plaisants du quartier, les voyant passer et repasser, avaient trouvé qu'elles ressemblaient à des chauves-souris.

Chloé s'en alla leur communiquer son départ. Dès son premier mot, la mère et la fille se récrièrent de concert avec des étonnements et des plaintes sans fin ; elles se mettaient les mains sur la tête, elles les frappaient l'une contre l'autre, elles les laissaient retomber sur leurs genoux. Il faut connaître les mœurs du Midi pour l'intelligence parfaite de cette pantomime ; elles répétaient le même mot, la même phrase, du même ton, à la fois ou l'une après l'autre et comme à l'envi.

— Tu t'en vas, tu pars ! mon Dieu ! tu nous quittes ! peccaïré ! Tu vas à Paris ! c'est si loin ! On dit que c'est un si mauvais endroit ! Et dis-moi, Chloé, que

deviendrons-nous? qu'allons-nous devenir sans toi?
Nous ne te verrons plus, bon Dieu!

Les questions vinrent ensuite.

— Et pourquoi pars-tu? On n'est jamais si bien que
chez soi. Qu'as-tu besoin de t'en aller? Que vas-tu
faire là-bas?

Chloé leur conta ce qu'elle voulut de ses affaires et
leur dit ce qu'elle attendait d'elles relativement au
vieux Bernard. A ce nom, nouveaux cris.

— Bernard! tu n'y penses pas; c'est un fou, c'est un
usurier. Nous, aller chez lui, c'est impossible! C'est un
sauvage, il nous en veut.

En effet, Bernard détestait les Garnaches, on ne sait
pourquoi, et ne les avait jamais secourues d'une obole,
quoiqu'il fût un peu leur parent par les Laflèche. Au
reste, il ne les avait pas vues depuis quinze ou seize
ans et n'était pas capable de les reconnaître.

Chloé revint sur ce sujet, si bien que les deux Piémontaises lui promirent, pour l'amour de Dieu, de
veiller autant que possible à ses intérêts; elle fit ensuite une dernière visite à Bernard, qui lui renouvela
ses promesses aussi bien qu'il le pouvait faire. Il n'avait
plus guère la tête à lui, et ne sentait point l'importance
de ces adieux. Chloé se fit assurer de nouveau qu'à son

défaut tout le bien du bonhomme appartiendrait à son fils. C'était d'ailleurs une chose convenue dès long-temps. Elle partit donc tranquille, au bout de quelques jours, avec son fils, qui pouvait avoir alors sept ou huit ans.

Le surlendemain du départ de Chloé, quand il fut certain que la carriole du messager l'avait déposée à vingt lieues de là, les Garnaches se levèrent de grand matin, mirent leurs jupes les plus propres, leurs béguins les plus blancs, les mitaines noires, les atours des grandes fêtes, et s'acheminèrent tout doucement par des détours, la bouche pincée, les bras en croix, vers le faubourg qui menait à la maison du vieux parent.

Bernard vivait alors au milieu de ses vignes, dans une solitude absolue. Il n'en sortait plus, et sauf la jardinière qui lui apportait à manger, il n'ouvrait à qui que ce fût. Il se passait souvent plusieurs jours sans qu'on le vît du dehors faire le tour de son clos, le fusil sur l'épaule, comme il en avait l'habitude.

Les Garnaches n'entreprenaient une course aussi longue qu'une fois l'an, au jeudi saint, pour aller à la chapelle de Saint-Joseph, qui était hors de la ville. Elles arrivèrent essoufflées et toutes tremblantes devant la petite porte verte de Bernard, et y frappèrent deux petits coups en retenant leur haleine. Rien ne bougea. Elles frappèrent plus fort. Durant quelques minutes, elles n'entendirent que les aboiements d'un gros chien qui accourut derrière le mur. Le jeûne entretenait cet animal dans la mauvaise humeur. Les Garnaches, épouvantées, s'encouragèrent mutuellement ; Ninette alla jusqu'à ramasser une grosse pierre, qu'elle jeta contre la porte ; enfin, elles firent un tel vacarme, qu'une longue figure maigre parut à la grille, emmanchée d'un grand canon de fusil. Les deux commères poussèrent un cri et faillirent tomber à la renverse.

— Jésus ! Jésus Maria ! prenez garde, Bernard, vous pouvez nous tuer ! Bernard, au nom de Dieu, posez votre fusil !

Bernard, voyant deux femmes, baissa le canon de son arme. La mère Garnaché s'approcha avec un sourire forcé qui voulait être caressant :

— Eh ! bonjour, Bernard ! Comment vous portez-vous ? Vous nous avez fait peur.

— Qui êtes-vous ? dit Bernard.

— Vous ne reconnaissez pas les Garnaches ? les cousines de Chloé, la belle-sœur de Laflèche ?

Bernard referma brusquement son guichet.

Les deux femmes se mirent à crier comme si le battant de la porte les eût blessées. Ninette reprit le marteau, le chien aboya de plus belle. Bernard reparut avec son fusil. La vieille Garnache lui dit sans perdre de temps :

— Chloé, Chloé est partie ! Nous sommes ses proches parentes et les vôtres.

— Je ne vous connais pas, dit Bernard.

Il allait refermer sa grille, si Ninette ne se fût hâtée d'ajouter :

— Nous venons de sa part, de la part de Chloé Laflèche. A ce nom, Bernard s'arrêta.

— Qu'avez-vous à dire ?

— Ouvrez-nous, pour l'amour de Dieu ! dirent à la fois les Garnaches.

Bernard hésita, les regarda d'un air hébété, et détacha lentement la barre de fer qui contenait les battants de la grille. La vieille Garnache à peine introduite, selon les règles de la sensibilité méridionale en certaines circonstances, se mit à fondre en larmes en s'écriant d'une voix dolente :

— Ah ! Bernard, pauvre Bernard, elle est partie, cette chère enfant, elle qui vous aimait tant !

— Pauvre Bernard ! reprit Ninette, et après le

grimaces préliminaires, elle donna cours à ses pleurs.

Ces larmes ne signifiaient autre chose, sinon que Bernard passait pour fou, qu'elles ne l'avaient vu depuis fort longtemps, et qu'elles voulaient feindre une grande compassion pour le triste état où on le disait tombé. Bernard fixait sur l'une et sur l'autre ses yeux éteints : peu s'en fallut qu'il ne pleurât aussi. Elles lui expliquèrent que Chloé les avait chargées de la remplacer auprès de lui pour les soins et le commerce d'amitié ; elles le pressèrent de ne point se gêner avec elles. Ninette parla de veiller à son linge et d'ordonner son ménage.

Bernard parut insensible à ces avances, et leur dit qu'il entendait qu'elles s'en allassent bientôt. Elles ne s'en émurent point.

— Pauvre homme ! disait la vieille Garnache, c'est clair, il est toujours tout seul, il n'a pas lieu d'être content.

Elles ne laissaient pas que de s'acheminer à travers les vignes vers la maison. Chemin faisant, Ninette entr'ouvrit la veste du vieux Bernard.

— Eh ! bon Dieu ! dans quel état vous êtes ! Une chemise en lambeaux, des coudes percés, Jésus ! et pas de bas pour marcher dans la terre humide. Rien n'est plus mauvais.

Elles arrivèrent devant la porte de la maison, qui était ouverte. Elles entrevirent une salle basse, décarrelée, jonchée d'épluchures, de pots cassés, de meubles rompus. — Mon Dieu ! s'écrièrent à la fois les Garnaches, est-ce là que vous demeurez, pauvre homme ? Il n'est pas possible, ce n'est pas l'habitation d'un chrétien ; on dirait une étable de vrais animaux !

— Ce que c'est qu'un ménage de garçon ! ajouta Ninette en joignant les mains.

— Quelle pitié ! reprit la vieille ; pas de vaisselle, pas de chaise ; vous n'avez donc personne pour nettoyer un peu ?

Les deux femmes regardèrent à leurs pieds un monceau de bribes et de vieilles croûtes.

— Qui vous fait la cuisine ? comment mangez-vous?

Bernard ne répondait rien, et demeurait debout devant elles avec l'air indifférent d'un concierge qui montre un cabinet de curiosités.

Les deux femmes frappaient des mains à tout coup.

— Deux rideaux en loques ! un lit sans draps ! un vrai grabat ! Vous aviez pourtant de beau linge ?

Bernard ouvrit une armoire, célèbre autrefois dans

sa famille , comblée d'un de ces amas de linge hérédi-
taires en province, et qu'on n'avait pas touché depuis
trente ans.

— Pauvre cher homme ! s'écria Ninette, je ne souf-
frirai pas qu'il vive dans cette misère ; non, nous ne le
souffrirons pas , Bernard ; nous sommes vos proches
parentes, nous devons avoir soin de vous , ne fût-ce
que par amour-propre. Que dirait-on dans la ville si
nous vous laissions dans cet état ? On nous jetterait la
pierre et on aurait raison. Il faut que nous fassions
notre devoir.

La vieille Garnache reprenait sur le même ton après
sa fille. Bernard, qui tenait les bras croisées sur la
poitrine, fit le geste de les emmener en disant :

— Allons, à présent il est l'heure de vous en aller.

Les deux femmes , avant de partir , redoublèrent
d'empressements. Bernard les suivit pas à pas, les
chassant devant lui, sans répondre un mot. Dès qu'elles
eurent passé le seuil, comme elles se retournaient pour
lui parler encore, il ferma sa porte et poussa la barre
de fer.

Les Garnaches s'en allèrent, mais déjà sans doute
de coupables desseins s'agitaient sous leurs coiffes
discrètes.

Le lendemain, comme Bernard faisait le tour de son clos, une femme lui tendit un paquet à travers les barreaux, en lui disant que c'étaient de bons bas de laine qu'elle lui apportait de la part des Garnaches.

— Ne les refusez pas, monsieur Bernard ; vous feriez de la peine à ces pauvres femmes.

Elle laissa tomber le paquet par delà la grille. Bernard, au second tour, le heurta du pied, se souvenant à peine de la femme qui avait disparu ; il le déploya et regarda ses pieds qui étaient tout nus dans d'épais souliers ; il s'assit sur une pierre, se chaussa de l'une des deux paires de bas, mit l'autre sous son bras et rentra chez lui.

Le dimanche suivant, chose inouïe jusqu'alors sur le compte des Garnaches, Ninette porta au four un gâteau sec de bonne mine, dont les motifs et l'emploi furent longtemps ignorés. Dans cette même matinée, elle vint se coller à la grille de Bernard. Elle s'aperçut qu'en montant la côte on pouvait atteindre à certains endroits de même hauteur que le mur, d'où la vue plongeait dans tout le clos. Elle vit enfin le vieux Bernard sortir de chez lui. — Bonjour, Bernard ; nous avons pétri et je vous apporte un gâteau sec que j'ai fait pour vous. Je n'y ai rien épargné.

Bernard s'arrêta et lui cria de s'en aller, mais Ninette vit qu'il portait les bas de laine, et s'écria familièrement :

— Ne me refusez pas, vilain homme, on dirait que je vous laisse manquer de tout ; il vous faut quelques douceurs à votre âge.

Le chien fit mine de se jeter sur le gâteau qui était à sa portée. Ninette cria, et Bernard lui arracha le gâteau des mains en lui disant : — Allons, donnez.

Après ces premières bombes lancées dans la place, les Garnaches resserrèrent leurs lignes de circonvallation et poussèrent le siége dans toutes les règles. Elles allèrent voir la paysanne qui tenait à loyer les potagers de Bernard et qui lui portait à manger. Cette femme les connaissait à peine pour des parentes éloignées du bonhomme ; elles l'abordèrent avec leur ton doucereux :

— Eh ! bonjour, Miette, comment vous portez-vous ? comment va le travail ? êtes-vous contente ? tout va-t-il bien ?

— Dieu merci ! vous êtes bien bonnes, braves femmes.

Les Garnaches commencèrent à parler de la pluie, du beau temps, de la terre ; elles louèrent le bon air du jardin, les travaux , les arbres fruitiers. La vieille Garnache embrassa le petit de la jardinière, et tira de la grande poche de sa jupe un morceau de jus de réglisse qu'elle lui donna. La paysanne les remerciait d'un air surpris.

— Est-ce que vous ne me reconnaissez pas ? dit Ninette.

— Faites excuse... les Garnaches, n'est-ce pas ?... qui demeurent près de Saint-Saturnin ?

— Justement, les cousines de Bernard... Vous savez que Chloé est partie, la fille de Laflèche, peccaïré ! C'était elle qui prenait soin de Bernard.

— Oh ! je la connaissais bien !

— C'est à nous naturellement de prendre sa place, nous sommes les plus proches parentes de Bernard. C'est pourquoi nous nous adressons à vous : vous devez connaître sa manière de vivre, c'est une pitié !

— Lui ! ah bien, si vous y changez quelque chose, vous pourrez vous vanter... Que voulez-vous faire quand il n'y a plus rien là ?

La paysanne se frappa le front du doigt.

— Je n'ai pas pu en venir à bout. Il vit comme un sauvage, il ne dit pas trois paroles en dix mois. J'ai voulu quelquefois mettre de l'ordre chez lui, il me battrait plutôt. Je lui laisse son dîner sous la porte et je m'en vais. Souvent je retrouve le plat comme je l'ai laissé. Il aime mieux manger des figues vertes, des vilenies, sauf votre respect ; c'est un homme qui passe toute une journée à tailler une gaule comme un enfant. Aussi tout dépérit dans son clos. Il n'a seulement pas d'outil...

— Qu'est-ce que vous lui donnez à manger ?

— Ce que nous mangeons chez nous, sauf votre respect, une bonne assiettée de soupe, de la salade.

Les Garnaches haussèrent les épaules et levèrent les yeux au ciel avec grande compassion.

— Écoutez, reprit Ninette, dès à présent vous soignerez un peu sa nourriture. Faites-lui de temps en temps un peu de soupe grasse ; Bernard est riche, il peut venir à mourir, on récompenserait vos soins. Cet homme n'a pas son bon sens, il faut que chacun y mette du sien.

La grosse Miette regardait les Garnaches d'un air de soumission et de confiance, toute fière que l'on s'occupât de ses services méconnus, et concevant les plus belles espérances pour l'avenir sur les simples mots de Ninette. Les deux Piémontaises n'oublièrent rien pour la mettre dans leurs intérêts ; et elles n'y eurent pas grand'peine, cette femme fort simple ne connaissant rien de leurs rapports véritables avec le vieux Bernard et Chloé. Elles finirent par obtenir d'elle qu'elle livrerait en secret à Ninette les hadres du bonhomme qui auraient besoin de réparations.

Ninette ne cessa point d'aller tous les matins, comme en se promenant, rôder autour du clos. Quand Bernard paraissait, elle lui disait son bonjour compatissant, et lui demandait de quoi il pouvait avoir besoin. Le plus souvent il ne répondait rien, mais il contracta l'habitude de voir à une certaine heure le visage de Ninette collé aux barreaux.

Un jour, de la hauteur qui dominait les vignes, elle le vit occupé à tailler un cep ; il s'interrompait à tout moment pour repasser sur un caillou son couteau, qui, sans doute, était très-vieux. Enfin il le jeta avec fureur à travers la vigne et s'en alla.

Le lendemain, Ninette parut à la grille et appela le bonhomme. Elle avait pris par degrés un certain air d'autorité.

— Eh bien, Bernard, comment vous va? un peu mieux, n'est-ce pas? Votre veste est raccommodée, j'ai reprisé votre bonnet de laine.

Bernard regardait ces objets l'un après l'autre, mais il ne répondait rien.

— Vous devez trouver vos dîners meilleurs? reprit

Ninette, j'ai parlé à Miette. J'avais envoyé un peu de viande hier, cela vous fera du bien.

— Mêlez-vous de vos affaires, lui dit Bernard.

— Allons, méchant homme, ne vous fâchez pas. Tenez, je vous aime plus que vous ne méritez ; je passais sur la place, et je vous ai acheté ceci.

Bernard prit brusquement le paquet, un éclair de joie brilla dans ses yeux. Il vit reluire dans le papier une belle serpette toute neuve enrichie d'un tire-bouchon, d'un poinçon et d'une petite scie. Le vieux Bernard, depuis vingt-cinq ans peut-être, n'avait reçu de présent mieux choisi. Il avait perdu sa mère étant encore enfant, et s'en souvenait à peine ; il n'avait jamais éprouvé la douceur de tels soins de la part d'aucun être humain, et cet homme endurci n'y fut que plus sensible. Il s'accoutuma si bien à voir Ninette chaque jour qu'en sortant le matin il levait les yeux au-dessus du mur, et s'en allait ensuite machinalement regarder à la grille. Quand il n'y trouvait point Ninette, il était tout déconcerté.

Un matin, la jardinière, qui avait la clef, vint, comme il dormait, poser sur son lit un énorme bouquet de fleurs encore tout baigné de rosée. Il se réveilla au bruit ; cette femme lui dit :

— Tenez, c'est aujourd'hui votre fête, Ninette y a pensé, elle vous envoie ce bouquet.

Un joyeux rayon de soleil glissait par la fenêtre. Jamais pareils parfums n'avaient réjoui ces tristes murailles ni le cœur de ce pauvre homme. Il flaira les fleurs avec une volupté sauvage, puis, par extraordinaire, il versa l'eau d'une cruche dans une jatte et y déposa soigneusement le bouquet.

Ninette vit clairement ses progrès ; elle n'avait point voulu jusqu'alors s'introduire par surprise chez Bernard, de peur de l'irriter.

Elle se faisait seulement livrer par la jardinière les hardes et le linge qui avaient besoin d'être raccommodés ; et ce fut là son prétexte pour pénétrer la première fois dans le clos. Elle représenta qu'il fallait qu'elle rangeât elle-même le linge qu'elle rapportait. Le vieux Bernard céda. Ninette fit en sorte qu'il s'aperçût à peine de sa présence. Quand elle se vit assez bien établie pour qu'il ne la chassât point, elle se servit de la clef de Miette, et souvent Bernard la surprenait dans la maison s'occupant à ranger.

Le nom de Chloé, qui avait tant servi aux Garnaches, leur donnait encore occasion d'arracher quelques mots au bonhomme ; elles rapportaient des nouvelles, vraies ou fausses, de leurs parents ; mais elles ne manquaient jamais de déplorer le sort de cette pauvre enfant, mariée à un homme vicieux qui ne lui avait laissé en mourant que des dettes, et dont le fils unique, pardessus tout, ne lui donnait aucune consolation. Les Garnaches inventaient ces derniers détails ; il ne courait aucun bruit pareil sur l'enfant et le mari de Chloé, qui avait à peine écrit une fois.

Sur ces entrefaites, les Garnaches se présentèrent un jour à la grille, en habits de deuil ; la jardinière, qu'elles rencontrèrent, la leur ouvrit. Bernard était encore dans son lit quand il vit entrer ces deux femmes vêtues de noir, ensevelies sous leurs mantilles et poussant des gémissements. Elles s'assirent l'une à droite, l'autre à gauche, et recommencèrent à gémir. Bernard se dressa sur son séant, tellement impatienté de la scène qu'il s'écria :

— Femmes ! qu'avez-vous à pleurer ?

Alors quelques mots entrecoupés se firent jour alternativement à travers les sanglots.

— Ah !

— Ah !

— Pauvre Bernard !

— Pauvre cher homme !

— Chloé...

— La pauvre Chloé...

— Elle est morte...

— Morte...

Là-dessus les lamentations redoublèrent.

— Je... je... ne... ne... puis me mettre dans la tête que nous l'avons perdue.

— Nous... nous... qui... qui... qui l'aimions tant!

— Eh bien, dit Bernard d'un air ébahi, devant Dieu soit son âme.

Les Garnaches, par un même mouvement, fixèrent leurs yeux humides sur le visage du bonhomme à travers les plis de leurs capuchons. La vieille reprit :

— Vous avez raison, Bernard, la voilà délivrée. Son fils est déjà grand mauvais sujet, il l'aurait peut-être déshonorée. Dieu a bien fait de la rappeler à lui... Mais cela est bien pénible.

Cette nouvelle de la mort de Chloé, qui n'était que trop vraie, ne parut pas faire beaucoup d'impression au bonhomme, non plus que la conduite prétendue de l'enfant de sa parente. On eût dit qu'il avait oublié cette famille. Cette indifférence venait peut-être de ce qu'ayant fait anciennement toutes ses dispositions, il n'avait plus assez de force d'esprit pour revenir là-dessus. Les Garnaches s'en allèrent ivres d'espérances, modérées toutefois par un testament en bonne forme, dont l'existence leur était connue, et dont une clause transmettait le bien au fils de Chloé en cas de mort. Ce testament, Bernard devait l'avoir caché chez lui dans quelque coin, mais elles n'avaient pu songer jusqu'alors à le découvrir.

Cependant Ninette eut ses grandes et petites entrées dans la maison de Bernard. Il lui laissa prendre, tant sur lui que sur Miette, une certaine autorité. Elle eut une clef du jardin, elle entrait et sortait à son gré, souvent elle passait des journées entières avec Bernard, qui s'y accoutuma comme il se serait habitué à la vue d'un nouveau meuble.

Depuis longtemps on soupçonnait dans la ville les circonvolutions des Garnaches, bientôt elles ne s'en cachèrent plus. Elles essayèrent de faire digérer à la multitude ces premières excuses dont elles avaient payé la jardinière : qu'elles étaient des parentes zélées du vieux Bernard, qu'il n'avait plus d'autres proches, et qu'elles lui voulaient rendre les plus grands soins. Les manières de Ninette changèrent visiblement ; elle rompit par degrés avec les habitudes de grande re-traite ; ses nouvelles occupations ne lui laissaient plus le temps d'aller aussi souvent à l'église. On la vit enfin publiquement arborer les pompes du monde, c'est-à-dire qu'elle osa paraître avec un ruban rose à la mentonnière de son bonnet, fait en *dormeuse*. Ce ruban ne fit pousser qu'un cri, depuis la porte des Minimes jusqu'au faubourg. On se désabusa sur le compte des Garnaches, et l'on ne se dissimula plus que Ninette voulait achever de tourner la tête au vieux Bernard et s'en faire épouser. Les gens du faubourg, qui la voyaient passer tous les matins, remarquèrent qu'elle ne portait plus, depuis quelque temps, que des bas blancs, chose inouïe dans le pays pour une femme de sa condition !

Quant à Bernard, il était exactement retombé en enfance ; il pouvait à peine quitter son lit, et, sans tout le soin qu'on avait de lui, il serait sans doute mort de misère et d'inanition. Cependant il avait encore l'estomac bon, le corps solide, et il resta si longtemps dans cet état qu'on ne songea plus à ce qui se passait dans cette maison.

II

Nazarille avait été nourri dans cette idée qu'un vieux parent qu'il n'avait jamais vu, et qui demeurait à deux

cents lieues de distance, lui laisserait tôt ou tard en
mourant un millier d'écus de rente. Mais après la mort
de sa mère, durant sa première jeunesse, si pleine
d'aventures et d'agitations, il n'y pensa guère, si ce
n'est qu'il s'écriait gaiement avec ses amis, quand il
était dans une situation difficile : — Moi qui devrais
avoir trois bons mille francs de rente à l'heure qu'il
est ! — Mais il n'y comptait pas lui-même.

Au moment dont il s'agit, il venait d'entamer des
négociations dont il se promettait de bons résultats. Il
s'était poussé dans le monde, rien n'est plus aisé que
de s'introduire dans ces réunions suspectes qui, dans
le désordre actuel de la société, essayent de se donner
pour la bonne compagnie. On y rencontre sous l'habit
noir des gens qu'on rougirait de saluer dans la rue, et
c'est une vraie comédie que reproduisent mieux qu'on
ne croit les figurants payés à vingt sous par tête dans
les théâtres pour représenter le beau monde.

Nazarille s'était produit chez M. Desvergers, qui
tenait un cabinet d'affaires, profession fort probléma-
tique. Il y fut bien reçu et devint, malgré le mauvais
état de ses affaires, l'un des coryphées de l'endroit.
On peut dire, sans le vanter, qu'avec son esprit et sa
bonne grâce naturelle, il aurait encore pu prétendre à

mieux. Quoi qu'il en soit, il voyait dans ce salon une
certaine dame de Courlieux, qui parut favoriser les
soins qu'il rendait à sa fille. Nazarille était vêtu avec
goût, on lui savait de l'esprit : les renseignements que
donnaient des gens pour l'avoir vu dans le monde ne
pouvaient être qu'avantageux. Bref, madame de Courlieux lui accorda ses entrées chez elle, et sa recherche
fut décidément agréée. Le train de ces dames éblouit
Nazarille. On n'avait pas dit le chiffre de la dot, mais
il était considérable , selon toute apparence. Quant à
lui, on le traitait sur le pied d'un homme qui vit dans
l'aisance et qui a tous les moyens de parvenir à la fortune. Madame de Courlieux s'était laissée prendre au
bruit qui courait, qu'il attendait du bien de quelques
parents. Nazarille soutint le mieux qu'il put cette opinion en sacrifiant le nécessaire à des habits de luxe ;
mais quand la négociation prit figure, il fallut enfin
retomber de cette hauteur dans l'odieuse réalité
de sa situation. Il n'avait pas un sou vaillant et pas
d'état proprement dit. Il n'avait pas même osé faire
entrer en ligne de compte l'héritage qu'il attendait, car il
l'attendait depuis si longtemps qu'il n'y comptait plus.
Cependant les choses étaient si avancées qu'il était honteux de reculer, et il allait manquer cette excellente

affaire faute d'un peu d'argent qui pût au moins éblouir pour le présent.

Ce fut dans ces dispositions qu'il reçut un jour la visite d'un homme de son pays qui voyageait pour le commerce. Il était justement en train de préparer ses ajustements pour une de ces visites qu'il fallait faire sur le ton de la cérémonie ; il tenait à la main une plume dont il avait trempé la barbe dans son écritoire, et noircissait avec soin les coutures et le bord des boutons d'un habit étalé devant lui sur une chaise. Comme il savait que cet homme n'avait rien de commun avec le beau monde de Paris, il ne se dérangea point. Il était d'ailleurs dans un de ces moments d'humeur et de distraction où l'on n'a plus la force de se contraindre.

— Eh ! que faites-vous là ? lui dit cet homme, avec la grosse joie du pays et un accent fort prononcé.

— Vous voyez, reprit Nazarille d'un air tragique, ce qu'il en coûte pour briller dans le monde. Je ne crois pas que toute l'encre que j'ai employée dans ma vie à écrire m'ait mieux servi que celle-là... — Comment vous portez-vous, mon cher ?

Il prit la main du voyageur, la lui serra, et se détournant encore, il dit avec un gros soupir :

— Eh quoi! n'y a-t-il pas un être dans le monde qui me soit assez attaché pour me laisser en mourant quelques mille livres de rente!...

— Eh bien! mais votre héritage?

— Quel héritage?

— Le vieux Bernard.

— Oh! fit Nazarille avec découragement.

— Comment, oh! dit l'homme, ne savez-vous pas...

— Quoi?

— Il est mort.

— Qui?

— Bernard.

— Le vieux Bernard du faubourg?

— Le vieux Bernard du faubourg, le cousin-germain de Laflèche, votre grand-père, qui avait fait un testament en votre faveur, vient de mourir en sa maison, après une très-longue maladie. Puisque vous ne le saviez pas, mon très-cher, je me réjouis de vous l'apprendre.

A ces mots, l'homme lui ouvrit ses bras. Nazarille restait pétrifié de surprise et de joie.

— Non, tenez, dit-il froidement, ne parlons de cela que lorsque nous en serons bien certains. Je n'ai jamais cru à toutes ces affaires d'argent qui se traitent sur le papier. Quand je tiendrais les espèces, je douterais encore... où peut-être ne faites-vous qu'une plaisanterie?

— Venez chez mon frère, qui est homme d'affaires, reprit le commerçant avec feu; M. Bienaise lui a écrit la mort de Bernard et le testament qu'il a dans les mains depuis neuf ans en votre faveur.

— Je sais, dit Nazarille, que, si Bernard est mort... toute la question est là.

— Venez donc avec moi, raisonneur.

Nazarille mit son habit sans prendre la peine d'achever son opération. Ils s'en allèrent chez l'homme d'affaires.

La nouvelle fut bientôt confirmée à Nazarille. Bernard était mort, et par conséquent lui laissait sa petite fortune. L'homme d'affaires, après information, assura qu'à vue de pays, le bien du bonhomme, avec les intérêts accumulés, pouvait se monter à trois mille sept cents livres environ de revenu. Nazarille, hors de lui, le chargea des affaires de la succession et de toutes les formalités voulues, auxquelles il ne comprenait rien. Puis il l'embrassa, il embrassa le premier porteur de la nouvelle, il se jeta dans une voiture de place, et courut chez tous ses amis pour les convier à prendre part

à sa bonne fortune dans un grand festin qu'il voulait
donner. Il leur apprit en même temps son mariage, qui
désormais devenait certain, puisque le capital de son
bien pouvait figurer, pour un homme de son âge, avec
la plus belle dot.

Les dames de Courlieux, qu'il alla voir, trouvèrent
du changement dans ses manières. Elles l'avaient toujours vu timide, modeste, ne se livrant qu'avec réserve
aux projets brillants qu'on formait pour le jeune ménage; il leur parut alors plein d'assurance et de liberté.
Il ne parlait plus que de grands appartements et de
domestiques nombreux : il prit des airs conquérants
avec la demoiselle, et fixa lui-même l'époque du mariage, qu'il n'avait jamais trop pressé.

Le jour vint où Nazarille se proposait de faire gaiement ses adieux à la vie de garçon et de fêter avec ses
amis son changement de fortune. Le repas était com-
mandé en bon lieu, il était cher et magnifique. Nazarille loua une calèche dès le matin et courut réunir ses
amis. Comme il passait devant la maison de l'homme
d'affaires, qui devait avoir reçu la veille tous les papiers,
l'idée lui vint de l'inviter; il voulait en outre donner
quelques détails à ses amis. Il fit arrêter sa calèche.

L'homme d'affaires déjeunait; Nazarille entra d'un

air dégagé, et lui fit son invitation en bouffonnant.

— Volontiers, dit l'homme d'affaires; mais, comme vous voyez, je déjeune un peu tard.

— Arrêtez-vous et prenez haleine; vous serez des nôtres. Je pars à l'instant. A propos, dit Nazarille en revenant, vous avez reçu nos papiers? A combien se monte au juste notre levée? Est-ce plus, est-ce moins que vous n'avez dit?

L'homme d'affaires regarda Nazarille en s'essuyant la bouche avec sa serviette.

— Mais vous savez?... il n'est plus question de rien.

— De quoi?

— Nous n'avons plus rien à faire là.

— Comment?

— On ne vous a pas écrit?

— Rien.

— Ce n'est pas vous qui héritez.

— Bon, ce n'est pas moi qui hérite à présent! dit Nazarille en balbutiant.

L'homme d'affaires remit sa fourchette et son couteau dans son assiette.

— Non, mon cher. Je ne sais comment ils s'y sont pris, et je n'y connais goutte à l'heure qu'il est. Le premier testament est nul; ils en ont produit un second en faveur de deux vieilles parentes. Au reste, je ne sais rien. Vous prendrez des informations; tout cela est fort sot. C'est déranger les gens et gâcher du papier inutilement; c'est surtout fort désagréable pour vous, je me mets à votre place. Mais je croyais qu'on vous avait écrit.

— On ne m'a rien écrit, dit Nazarille. Deux parentes...

— Deux femmes qui avaient rendu de grands services au défunt.

— Les Garnaches!... reprit Nazarille; ma mère en avait eu le soupçon.

Et il demeura là, quelques minutes, debout, accablé, ayant l'air de rêver profondément.

— Au reste, nous nous verrons ce soir, reprit l'homme d'affaires. Nazarille songea à ses invitations, et dit avec un sourire forcé :

— Oui, oui, assurément... Bonjour.

Il se précipita dans l'escalier, jeta sa monnaie au cocher de la calèche, s'en alla tout droit devant lui, et sortit de Paris. Il demeura plusieurs mois sans y entrer, de peur de connaître les suites de tout ceci.

Ce n'était point le dommage en lui-même qu'il déplorait, mais sa brillante alliance avec mademoiselle de

Courlieux, à laquelle il fallait renoncer. Il était surtout extrêmement sensible à la honte d'avoir lâchement disparu comme un homme qui ne sait pas vivre ou qui a quelque fâcheuse affaire à se reprocher. Cependant le ciel prit soin de diminuer ses déplaisirs à ce sujet.

Passant un jour sur un grand chemin, il vit venir de loin un homme qu'il crut justement reconnaître pour le domestique des dames de Courlieux. Peu s'en fallut qu'il ne pensât d'abord qu'on l'avait dépêché à sa poursuite. D'ailleurs la honte d'être vu de cet homme dans un équipage si nouveau, l'idée qu'il en parlerait à ces dames, suffisaient bien à le lui faire éviter ; mais il s'aperçut que cet homme doublait le pas en le regardant. Il ne songea plus qu'à faire bonne contenance.

— Je ne me trompe pas, lui dit le laquais, n'est-ce pas à monsieur Nazarille que j'ai l'honneur de parler ?

Nazarille, plein de confusion, avait bonne envie de nier, mais il n'en eut pas le courage. Le domestique reprit :

— Eh ! certainement oui, je reconnais monsieur parfaitement. Je vous demande pardon d'entrer en conversation, mais je puis vous donner des nouvelles intéressantes. Je veux parler des dames de Courlieux.

Nazarille frissonna, et crut un moment qu'elles chargeaient leur domestique de leurs affaires d'honneur.

— Vous avez donc tout su, que vous les avez plan-
tées là? Vous connaissez leur conduite. Eh bien, monsieur, qu'en dites-vous?

— Ne m'en parlez pas, dit Nazarille étonné.

— Ah ! monsieur, reprit le domestique avec un
redoublement d'indignation, j'ai le bonheur d'en être
délivré. Je les ai quittées; elles me laissaient mourir
de faim... Je les poursuivrai pour huit mois de gages
qu'elles me doivent... Oui, monsieur, huit mois de
gages!... Mais je publierai le train qu'elles menaient.
Dieu merci, j'en sais là-dessus! Que vous avez bien
fait, monsieur, de les quitter subitement, sans préparation, sans égard! Vous auriez fini par donner dans le
panneau, vous étiez le trentième épouseur qu'on amor-
çait. C'est moi qui portais les poulets. Et ils se sont
tous retirés, croyez-moi, sans avoir rien à regretter.
On voulait piper un homme riche, et l'on s'est donné
bien de la peine pour vous. Tous les meubles étaient
engagés quand vous vous êtes mis sur les rangs... Mais
je vous dis là des choses que vous savez de reste.

— Non, dit Nazarille, je ne savais pas cela.

— Quoi! vous les croyiez riches! Mais d'abord madame de Courlieux n'est point du tout de Courlieux ni

d’aucun lieu qui sente à rien de bon. M. Courlieux, qui
était un peintre en réputation, l’a introduite sous son
nom dans un certain monde qui ferme les yeux. Cela se
fait aujourd’hui. Quant à mademoiselle de Courlieux,
elle n’est non plus Courlieux que demoiselle. Le peintre
est mort en les laissant établies dans le monde, mais
sans un sou vaillant. Elles vivent d’une petite pension
que la mère tient de je ne sais qui, laquelle pension est
très-hasardée à l’heure qu’il est. Et puis, nous faisions
des dettes, et cela ne saurait durer; les créanciers
s’impatientent depuis longtemps. Quand vous dîniez
chez nous, monsieur, on empruntait de l’argenterie.
Cette agrafe de brillants que vous avez admirée un soir,
j’avais été le matin la chercher chez une amie de pension de mademoiselle, qui ne dédaignait pas tous les
matins de rapetasser elle-même ses souliers de satin
avec des cartes à jouer.

— Ah! fit Nazarille indigné.

Il songeait aux boutons usés de ses habits qu’il prenait soin de noircir, et se disait en lui-même : C’était
bien la peine.

— Vous voyez, monsieur, dit le domestique, si vous
l’avez échappé belle.

— Ah! répondit Nazarille, il n’en fallait pas tant à un

homme tel que moi. Ces princesses se jouaient à leur maître; mais je m'étonne de les avoir rencontrées dans une maison...

— Chez M. Desvergers? Parlons de celui-là. J'étais lié avec son cocher, un malheureux garçon qu'ils mettaient à toute sauce, à l'office, à la cave, à la cuisine, à l'écurie, à l'antichambre. Il m'en a dit de belles sur son maître! C'est un homme qui a fait trois banqueroutes, et que des clients mécontents viennent de temps en temps souffleter chez lui, et qui le supporte parce qu'il est, dit-il, d'un caractère fort doux. Sa femme, en plein carnaval, court les soupers et les bals publics avec une bande joyeuse... Vous voyez, monsieur, que ce beau monde-là ressemble assez à de la canaille.

— Fi! fi! fi! reprit Nazarille, les vilaines gens!

Alors, sans songer qu'il était à pied comme le domestique, qu'il était sans contredit plus mal vêtu, et qu'il avait à peine l'espoir de souper, il prit un air protecteur et le congédia cavalièrement, en disant :

— Allons, bonjour, mon ami; je vous souhaite meilleure chance à l'avenir.

Le domestique s'en alla. Quand Nazarille le vit fort loin, il s'arrêta dans un bouchon pour y boire un verre d'eau mêlée de quelques gouttes d'eau-de-vie, car il était exténué de fatigue et de chaleur.

Il apprit plus tard, en effet, que les dames de Courlieux avaient vu saisir leurs meubles, qu'elles avaient disparu du monde qu'elles voyaient, que la fille était partie avec un Anglais pour New-York, sous prétexte de jouer la comédie, et que la mère vivait misérablement dans un quartier perdu de Paris.

III

Nazarille depuis longtemps était fort instruit de tout ce qui s'était passé à l'occasion de la mort de Bernard. Aucun nouveau débarqué de la province ne lui faisait grâce de ces détails.

C'était en effet Ninette et sa mère qui avaient recueilli le bien de Bernard. Un petit-cousin qui se crut lésé essaya de leur intenter un procès; il fit même écrire à Nazarille pour lui proposer de le soutenir avec lui; mais Nazarille, qui n'avait pas de quoi payer le port de la lettre, répondit magnanimement qu'il se désistait.

Il est sûr que Ninette était coupable; les dispositions de Bernard pour le fils de Chloé étaient si anciennes et si connues qu'elle n'avait pu les détourner qu'au moyen de manœuvres criminelles. Un nouveau testament, daté de la veille de la mort, était venu, à la levée des scellés, annuler le premier, déposé chez le notaire. Comment il avait été obtenu, comment on avait pu le dicter au vieux Bernard, c'est ce qu'on ne put jamais éclaircir. Il est certain que la jardinière, à qui Ninette devait sans doute beaucoup, parut mieux dans ses affaires. On parla de fraude, de captation ; mais rien ne fut reconnu en justice : Ninette demeura tranquillement en possession des propriétés de Bernard.

La vieille Garnache n'eut pas le temps de profiter de ces événements : elle mourut d'une maladie d'estomac causée par la mauvaise nourriture et dont elle souffrait depuis longtemps.

Ninette vendit la maison de Bernard et la sépara par un mur de ses vignes. Son genre de vie subit de nouveaux changements auxquels la ville, déjà préparée, s'accoutuma par degrés. Elle loua un premier étage le long des remparts, dans un quartier plus animé, entre la place d'armes et la salle de spectacle ; et plus tard, s'étant aperçue que la caserne n'était qu'à quelques pas de l'autre côté du boulevard, et qu'elle pouvait louer des chambres à des officiers, elle acheta la maison et la garnit de meubles qu'elle avait emportés de chez Bernard, ne réservant pour elle que les vieux et les plus nécessaires. L'important pour elle, c'était qu'elle voyait enfin réalisé le rêve qu'elle avait caressé durant toute sa vie de quarante-deux ans, car elle n'avait pas moins alors : le plus grand luxe de la province consiste dans le nombre et le bon état du linge. Ninette avait souvent calculé, avec un sentiment d'envie inexprimable, le linge qu'elle supposait empilé dans l'armoire de certaines ménagères de sa connaissance ; or elle avait trouvé dans l'immense armoire de Bernard des trésors incomparables en ce genre, qu'il tenait de sa mère et de ses tantes, et qui pour la plupart, dans la négligence où il vivait, n'avaient pas vu le jour depuis la mort de ces dignes femmes. Ninette avait longtemps couvé de l'œil ce précieux meuble, et même avait eu soin, vers les derniers temps, d'en perdre la clef, si bien que, le jour de la mort de Bernard, on ne put trouver un haillon pour l'ensevelir, ce qui fut un grand scandale. On en attribua la cause au dénûment où le bonhomme s'était laissé tomber ; mais on connut la vérité quand Ninette fit porter ces dépouilles chez elle. Il fallut trois femmes qui firent dix voyages avec de grandes mannes pour charrier tout ce linge. On en sut alors le compte jusqu'au dernier torchon.

Ninette fit quelques efforts pour se mettre au niveau de sa position nouvelle, mais elle ne put se défaire de ses habitudes d'épargne excessives contractées dans la misère; et son avarice, excitée par le bien, qui en est comme l'aliment, eut pour ainsi dire à s'exercer au large. Après avoir vécu si retirée, elle se vit bientôt des amis. Elle eut la liberté d'aller passer les soirées dans deux ou trois maisons du voisinage, notamment chez trois filles qui occupaient le rez-de-chaussée de la maison voisine et qui vivaient modestement d'une petite pension de leur père, ancien militaire; elles joignaient à cela le produit d'un petit travail de raccommodage de dentelles. Ces demoiselles se trouvèrent très-flattées de la société de Ninette, qui passait désormais dans la ville pour *une femme riche*.

Quant à sa personne, les changements de la Garnache ne furent pas moins sensibles. Elle porta pieusement le deuil de Bernard, qui lui permit de se nipper d'une robe de belle alépine noire : cette robe, à son gré, allait bien avec ses bas blancs, qu'elle ne quittait plus; car dans la vie abandonnée de cette fille, qui n'avait jamais paru appartenir à son sexe, il s'était pourtant trouvé quelqu'un (c'était Brigalier, son homme d'affaires) qui lui avait dit, on ne sait où ni comment, qu'elle avait la jambe bien faite. Elle prit encore chez Bernard d'autres nippes de famille qu'elle trouva moyen de se faire accommoder chez ses voisines les dentellières. Il va sans dire que ces petits ouvrages ne lui coûtaient jamais rien. On rougirait en province de faire payer de pareils services à des voisins; il y a toujours un rabais pour la pratique la plus étrangère, et, comme tout le monde s'y connaît, le gain ne laisse pas que d'en être diminué. Ninette avait d'ailleurs des procédés particuliers pour en venir à ses fins; elle était fort libérale de promesses, grande caresseuse de petits enfants, qu'elle comblait en espérance de joujoux et de friandises. Il y avait dans cette maison un petit neveu qui lui demandait depuis six mois je ne sais quelle bagatelle qu'elle lui avait promise, et à qui elle répondait avec le même sang-froid : — Nous irons l'acheter demain.

Elle suivait la même méthode avec les demoiselles Percinet (c'était le nom des dentellières), à qui elle promettait tantôt une partie de campagne, tantôt une soirée à la comédie; car elle s'était fort relâchée de sa dévotion, et elle provoquait elle-même ces sortes d'engagements. Le soir, par exemple, en se promenant avec elles, elle s'arrêtait devant une boutique. — Tiens,

Lucie, voilà un petit nécessaire comme je veux t'en acheter un.

Mais ces petits présents ne brillaient jamais qu'en perspective devant les yeux éblouis de ces demoiselles, qui n'osaient point l'en faire souvenir, comme leur petit neveu, et Ninette ne se doutait pas des ardents désirs qu'elle allumait ainsi d'une parole. Elle obtenait d'elles, par ce moyen, toutes sortes de petits services, et jusqu'à des présents de peu de valeur, que ces pauvres filles lui faisaient pour attirer les siens. Il est bizarre, et c'est l'ordinaire, que, dans ces sortes de liaisons entre une personne aisée et des gens pauvres, ce soit le pauvre qui fasse les frais. On avait découvert l'avarice sordide de Ninette et cent fois éprouvé ses manières d'agir; mais l'influence de l'argent est telle qu'elle n'en était pas moins bien reçue. Le père lui-même, le capitaine Percinet, qui était un homme rude et brutal, faisait volontiers sa partie le soir par déférence.

Pour la peindre d'un trait, quand il fut question de reconnaître les soins du notaire qui avait négocié ses affaires, et dont la femme, à l'occasion de sa fête, lui avait fait don d'une très-belle chaîne d'or, elle allait partout, demandant : — Dites-moi, que pourrais-je bien acheter à madame Bienaise ? Elle m'a donné une chaîne ; c'est clair, je lui dois un cadeau. Je ne lui ai jamais rien demandé, mais enfin je lui dois une politesse. C'est que je n'ai pas sa fortune, moi ; j'aimerais mieux lui rendre sa chaîne. Que lui donner ? Voyons, Julie, que me conseillez-vous ?

Chacun disait son mot. Elle mena plus de dix fois Julie et ses sœurs courir les marchands avec elle ; elle trouvait ceci trop cher, cela trop mesquin. Elle demandait : — Vous n'avez pas autre chose ! Elle s'en allait, disant : — Que voulez-vous, ils n'ont rien.

Un jour qu'elle allait dîner chez le notaire, qui l'avait invitée plusieurs fois, elle apporta six petits gâteaux dans du papier. On y fit si peu d'attention, qu'on ne les mit pas sur table. A quelque temps de là, comme on lui disait chez ces demoiselles : — Eh bien, songez-vous à rendre votre cadeau ?

— Ah ! ma foi ! écoutez donc, reprit-elle vivement, je leur ai déjà fait bien des petites honnêtetés ; je ne puis pas toujours avoir la bourse à la main.

Et la chose en resta là. Le notaire, avec qui elle se brouilla, put à peine retirer ses honoraires.

Elle était parvenue à louer ses chambres à des officiers de la garnison, et même, au grand scandale du voisinage, à des comédiens. On la voyait rire et causer avec eux ; on l'entendait même dire hardiment que leur argent n'était pas moins bon, et que *c'étaient des hommes comme d'autres*. Ce qui ne fut pas moins surprenant, à voir les soins nouveaux qu'elle prenait de sa personne, ses manières plus ouvertes avec les hommes, et le tour plus hardi de ses conversations, ce fut qu'elle se laissait gagner par envie de plaire ; on reconnut enfin qu'elle songeait au mariage. Elle effleurait volontiers ce sujet, et, comme en s'amusant, se livrait à des suppositions à l'égard de certains hommes.

On n'avait point attendu de connaître ses dispositions ; déjà des épouseurs de toute espèce, de vieux garçons, d'anciens officiers, à l'affût de ses rentes, lui avaient fait offrir leur main. Mais il y avait un homme, le plus redoutable et le plus obscur des concurrents, qui la guettait depuis longtemps comme une proie qui lui était due.

Lors des intrigues de la succession Bernard, Ninette s'était adressée au nommé Brigalier, prétendu faiseur d'affaires, très-mal famé dans le pays, qui se mêlait volontiers de procès, d'usure et de tripotages de toute espèce. Brigalier l'avait parfaitement servie ; il avait joué son rôle, disait-on, dans les scènes ténébreuses du complot, et c'était à lui que Ninette en devait le succès. Il savait mieux que personne quel en avait été le profit, et il s'était mis en tête de le joindre tout entier à ses honoraires. Cet homme avait deviné le caractère et les mouvements secrets de la vieille fille. Il savait que nul de ses rivaux ne pouvait mettre en ligne de compte le bien franc et net qu'il avait, et, les laissant faire leur fracas, il attendait. Ninette, lui ayant remis la conduite de ses intérêts, lui fournissait l'occasion de l'aller voir au moins une fois par semaine, à quoi il ne manquait jamais.

Mais jusqu'alors Ninette marchait libre et fière parmi la foule des prétendants. Elle avait même fini par les renvoyer par égard pour sa petite fortune, dont l'amour passait tout le reste. Elle pouvait épouser un joueur, un buveur, un débauché, qui la dépouillerait ; et sa méfiance d'une part, de l'autre l'envie de racheter les privations de toute sa vie, se livraient d'étranges combats, que son bavardage donnait en spectacle à ces demoiselles. Elle mettait du reste une certaine coquetterie à laisser entamer les négociations, et affectait une grande joie de les voir se rompre.

— Mais voyez donc, disait-elle aux demoiselles Percinet, M. Brigalier compte sans l'hôte, assurément. Je vous demande un peu si j'irai épouser un homme

que je ne connais pas ; car je ne le connais pas. Il gère
mon bien, mais sous bonnes garanties. Il peut être un
ivrogne, un mange-tout. Que j'aille lui livrer le peu
que j'ai, me donner un maître ! car ils ne vous épou-
sent, ces vieux drôles, que parce qu'on a quelque
chose. Et d'ailleurs, que ferais-je d'un homme chez
moi ? Un bel embarras. Ce Brigalier est caduc ; ça ne
demande qu'à être enterré ; je ne veux pas me faire
garde-malade. J'aime trop mon indépendance ; je suis
bien trop heureuse. O Dieu ! je ne veux pas, je ne
veux pas, je ne veux pas.

Elle débitait fort vite ce flux de paroles, en affectant
ce ton dérisoire que les filles croient devoir à la bien-
séance en pareille matière. Mais si l'une de ces demoiselles lui répliquait malicieusement un moment après :

— Il y a des risques, sans doute ; mais d'un autre
côté il est bien triste de vieillir seule ; — Ninette,
toute pénétrée et changeant de ton, poussait un soupir.

— Oh ! oui. Que voulez-vous ?

Brigalier n'ignorait point ces propos, mais il la laissait dire, marchant sourdement à son but.

Le scrupule et le remords se mêlaient encore aux
incertitudes de la vieille fille. Elle n'avait pu passer
toute sa vie dans la dévotion sans en garder trace, en

sorte qu'elle importunait son directeur d'interminables bavardages, sans jamais rien dire pourtant de l'héritage de Bernard. Elle entendait la religion à la façon de certaines gens du bas peuple, s'imaginant qu'on pouvait dissimuler certaines actions au tribunal de la pénitence, qu'il était toujours temps de faire réparation à la mort, ou même que de petites pratiques, qu'un cierge d'un sou, par exemple, rachetait un vol d'un millier de francs. Intérieurement elle s'accusait volontiers d'avoir détourné l'héritage du vieux Bernard ; mais elle y trouvait mille excuses, dont la meilleure était *qu'elle l'avait bien gagné.*

Ce naturel inquiet, quinteux, hypocrite, la poussa jusqu'à faire écrire à Nazarille une lettre qu'il ne reçut point, où elle insinuait que, s'il voulait bien prendre les choses doucement, elle lui rendrait tout à sa mort.

Au milieu des irrésolutions de Ninette, Brigalier lui rendait ses visites imperturbablement, et, depuis quelque temps, il était visible, pour lui surtout, qu'il faisait des progrès. Ninette, voyant le temps passer, avait changé de ton sur son compte. Enfin elle consentit secrètement à l'épouser, et personne ne se trompa au triomphe silencieux de l'homme d'affaires.

IV

Nazarille avait été longuement instruit de ces détails qui lui parvenaient indirectement, car il ne voyait guère les gens de sa province et tout ce qu'il apprenait du bien-être de Ninette ne manquait pas de lui soulever la bile par contraste avec la misère où il se trouvait, et dont elle était la cause.

Un jour, comme il était à toute extrémité, il se présenta chez l'un de ses amis les plus obligeants, et le pria de lui prêter cinq cents francs. Il lui expliqua comment cette somme pouvait suffire à le tirer d'affaire. L'ami, qui le savait homme d'esprit et incapable d'une escroquerie en matière d'emprunt, ne fit point de difficulté et lui souhaita bonne chance.

Nazarille se nippa de hardes neuves, d'un habit dans le dernier goût; il serra le tout dans une valise, et se jucha sur l'impériale d'une diligence, vêtu d'une mauvaise blouse.

Six jours après, il descendait à trois heures du matin dans sa ville natale, qu'il avait quittée depuis quatorze ans, et se fit mener à l'auberge, fort assuré de n'y pas demeurer longtemps. On était dans la belle saison, et le jour pointait. Il levait les yeux çà et là sur ces maisons silencieuses qui réveillaient en lui tant de doux sentiments. Son cœur battait de joie et d'impatience. Il était accablé de fatigue ; mais, au lieu de se coucher, il tira ses brosses, ses peignes, il se nettoya, changea de linge, et redescendit. Il fit d'abord le tour des remparts, il rentra dans la ville, il parcourut les rues ; les boutiques commençaient à s'ouvrir, le marché se peuplait, des vieillards humaient l'air sur leur porte, les bonnets de nuit passaient aux fenêtres ; Nazarille reconnut chaque rue, chaque maison, et jusqu'à la tête de lion en cuivre dont la gueule versait de l'eau sur une pierre usée et qu'il allait tout enfant presser de ses petites mains pour boire. Rien n'avait changé depuis son départ. Il comparait le repos de cette ville et de ses habitants à la grande agitation de Paris et de la vie qu'il y avait menée. Que n'avait-il pas vu, que n'avait-il pas fait, tandis que l'urne de la fontaine abattue depuis quatorze ans n'avait point changé de place ? Il demeurait livré à des rêveries délicieuses ; seulement tous ces objets si bien gravés dans sa mémoire, les places, les édifices, les arbres de la promenade, lui semblaient nus, chétifs, amoindris ; il ne les voyait

plus à travers le prisme enchanté de sa jeune imagination. Il rencontra dans les rues des gens qu'il reconnut; ils avaient des cheveux blancs. Quant à lui,
on ne le reconnaissait point, et il éprouvait un singulier
plaisir à cet incognito; mais, comme Joseph devant ses
frères, il était à chaque instant sur le point de se dé-
clarer.

Cependant le nom qu'il avait écrit sur le registre de
l'auberge courait de bouche en bouche ; on sut partout
que le petit-fils de Laflèche était dans la ville. Un vieil
oncle maternel de Chloé courut à l'auberge.

L'oncle Simon et sa femme, déjà très-vieux, ne connaissaient Nazarille que de nom, mais ils étaient trop
instruits de l'étiquette de province pour souffrir qu'il
descendît ailleurs que chez eux. Nazarille, à son retour,
trouva donc l'oncle Simon qui l'embrassa et de prime
abord fit emporter sa valise. Il eut chez ces braves
gens le vivre et le couvert, comme il y avait compté.
La tante Simon était sourde et percluse, le mari passait ses journées à la campagne, en sorte qu'il vit bien
qu'ils ne le gêneraient guère.

Le bruit de son arrivée se répandit bientôt dans la
ville, et fit tout son effet vers le milieu du jour. On ne
le connaissait point, mais on se souvenait de sa mère,

de tous ses parents; il arrivait de Paris, c'était plus qu'il n'en fallait pour faire grand bruit. Ninette sut la nouvelle de première main, et s'en montra très-agitée; elle courait chez ses voisins et se répandait en tendresses pour le fils de Chloé et sur le plaisir qu'elle aurait à l'embrasser. Elle ne doutait pas que sa première visite ne fût pour elle, attendu qu'elle était sa plus proche parente; elle disait même tout haut qu'elle avait bien un peu à se plaindre de Chloé, qui avait cessé de lui écrire sans qu'elle sût pourquoi, mais qu'elle n'en voulait pas pour cela à ce cher enfant; elle était, de plus, fort touchée de ce qu'on annonçait Nazarille comme un jeune homme très-bien élevé, très-distingué par son esprit et ses manières, et qui sans doute faisait fortune, d'après le train qu'on lui avait vu. On sait que tout homme arrivant de Paris gagne un certain lustre en province. Ninette, tout à fait séduite, disait hautement *mon cousin de Paris*; elle se vantait devant ses voisines qu'elle l'avait tenu sur ses genoux, et que sans doute il allait être ravi de la voir; mais elle disait mille injures, par jalousie, de ce vieux Simon qui l'avait prévenue. L'oncle Simon avait cessé de la voir depuis l'affaire de l'héritage.

Elle trouva moyen d'excuser l'absence de Nazarille

le premier jour, en disant qu'il devait avoir besoin de repos après un si long voyage; mais le second jour il parut en beaucoup d'endroits ; toute la rue des Cordeliers connaissait le *monsieur de Paris*, et la déconvenue de Ninette fut grande, quand la journée entière se passa sans qu'elle le vît paraître. Sa première idée fut qu'il lui gardait rancune par quelque ancienne recommandation de sa mère ; elle demeura très-désappointée et très-piquée, après le fracas qu'elle avait fait, d'autant plus qu'elle avait entrevu de grands avantages à paraître en bons termes avec son cousin : elle pensait qu'on ne l'accuserait plus au sujet de la succession quand on verrait son cousin lui-même de son parti, et que, dès que celui-là aurait pardonné, personne n'aurait plus rien à dire.

Le voisinage ne la vit pas humiliée sans plaisir. Chaque jour on se plaisait à lui répéter que son cousin de Paris avait dîné chez monsieur un tel, soupé chez madame une telle. Ces propos l'échauffaient de plus en plus, surtout quand elle se représentait ses priviléges de parente, qu'elle brûlait de mettre au grand jour. Mais elle n'osait aborder le logis de l'oncle Simon, à cause de la mauvaise intelligence qui régnait entre eux.

Enfin, bien décidée à transiger avec sa dignité, elle

envoya demander à Nazarille s'il ne se proposait point de venir voir sa cousine, qui l'attendait les bras ouverts. La femme qu'elle avait envoyée vint rendre compte de sa commission chez les demoiselles Percinet, où Ninette s'était rendue pour donner le change à son impatience. Cette femme rapporta dans un langage confus que le jeune homme (qui avait l'air fort aimable) avait demandé dès les premiers mots de quelle cousine il s'agissait, et qu'il ne se connaissait point d'autres parents dans la ville que l'oncle Simon.

Ninette bondit sur sa chaise.

— Comment! il ne me connaît pas? cela n'est pas possible. Je suis sa cousine; je suis la cousine-germaine de Chloé, de sa mère. A moins d'être sœurs, nous ne pouvions nous toucher de plus près. Voyez un peu cet original!

A force de questions, elle parvint à savoir de cette femme que le jeune homme, quoi qu'il en fût, la recevrait avec plaisir, pour faire du moins connaissance. Ninette vit dès lors que le ressentiment n'était pour rien dans la conduite de son oncle, et résolut d'affronter jusque chez lui l'oncle Simon, dont elle n'avait franchi le seuil que deux fois dans sa vie. Elle choisit le jour de la semaine où l'oncle allait à sa métairie, qui était à sept lieues de là, et s'en vint hardiment frapper à sa porte.

La maison de l'oncle Simon était située vers le haut quartier de la ville, dans une rue étroite et tortueuse où l'herbe croissait entre les pavés.

La porte, toujours fermée, donnait accès dans une cour qu'on traversait sous une tonnelle garnie de vigne. On entrait ensuite dans un vestibule où aboutissait un escalier à gros balustres de bois, qui craquait sous les pas, et dont les degrés vermoulus laissaient voir des jours.

Nazarille occupait, en haut de cet escalier, la chambre de cérémonie, meublée d'un grand lit de serge rouge à panaches poudreux et de deux plâtres coloriés représentant Paul et Virginie. On y voyait encore deux petites tables, dont l'une était à nappe et servait de toilette, trois vieilles chaises, et un miroir de douze sous accroché sur le manteau de la cheminée.

Les époux Simon étaient servis par une fille de la campagne plus souvent occupée aux champs qu'à la ville, en sorte que ce fut la tante en personne qui vint ouvrir.

Ninette la salua de cet air composé des commères en délicatesse. La vieille, quoique sourde et de mauvaise vue, la reconnut parfaitement et s'en alla sans rien dire, en lui montrant l'escalier qui menait à la chambre du voyageur.

Ninette, dont le cœur commençait à battre, frappa deux petits coups à la porte, qui était entr'ouverte. Outre l'embarras de sa situation particulière, elle s'était laissé intimider par les bruits qui couraient sur la position du petit-fils de Laflèche; car il fallait qu'il fût fort à son aise, disait-on, pour voyager comme il avait fait par toute la France, sans doute pour son agrément.

Nazarille l'attendait de pied ferme ; elle le trouva qui s'ajustait, au milieu d'un grand appareil de fioles, de pommades, et dans un négligé de jeune Parisien qui pouvait, en tel lieu, passer pour les dernières limites de l'élégance. Elle fit en entrant une révérence très-gauche, et dit en affectant un ton familier :

— Eh bonjour ! Nazaire.

C'était le nom de Nazarille, dont on avait tiré le diminutif. Il prit un air étonné et balbutia des excuses, comme un homme qui ne sait ce que c'est.

— Vous ne me reconnaissez pas? ajouta Ninette un peu décontenàncée.

Une rougeur légère courut sous le teint jaune de son visage.

Nazarille reprit d'un air affable et désintéressé :

— Mon Dieu!... je ne sais... J'ai quitté le pays fort jeune... Excusez-moi...

Elle éclata d'un faux air de transport.

— Je suis Ninette, la cousine de votre mère... ta cousine, reprit-elle d'une voix perçante, en lui tendant les bras.

Nazarille se laissa faire de bonne grâce et fit paraître une excessive politesse, qui acheva de dérouter Ninette.

— Je vous en prie, ma cousine, donnez-vous la peine de vous asseoir; je vous sais bon gré de m'être venu relancer... Vous permettez que je continue... Donnez-moi donc quelques détails sur ma famille. Ma mère a eu le tort de me laisser là-dessus dans une si grande ignorance... j'étais si jeune...

— Sans doute, sans doute, reprit Ninette, déconcertée par cet air détaché de Nazarille, qui semblait parler à un créancier.

— Et puis, voyez-vous, ajouta-t-elle, n'osant plus le tutoyer, nous nous en voulions un peu, votre mère et moi, nous...

— Donnez-vous la peine de vous asseoir, reprit Nazarille... Vous dites donc...

— Nous n'étions pas très-bien ensemble... On lui

avait peut-être fait de faux rapports... au sujet d'affaires d'intérêt...

— Bah! dit Nazarille, propos de province que tout cela... Je n'avais entendu parler de rien... De quoi donc s'agissait-il?

L'étonnement dérangea pour un moment la physionomie composée de Ninette.

— On ne t'a donc rien dit? on ne vous a donc rien dit?

— Je vous en prie, tutoyez-moi, comme vous aviez si bien commencé.

Il ajouta là-dessus quelques propos galants.

Un nouveau changement se peignit sur la physionomie de Ninette, où l'on voyait à la fois de l'admiration, une légère teinte de moquerie, et surtout de la surprise.

Elle examinait Nazarille comme on regarde un enfant, sans tenir compte de ce qu'il peut en penser; distraite par cet examen et confondue de ces grâces si étrangères au pays. Elle croyait rêver, en pensant que c'était là le petit-fils de Laflèche. Elle reprit en le voyant sourire :

— Allons, je vois que tu es gai comme ton pauvre père; tu as raison : un grain de mélancolie, comme on dit, ne paye pas un sou de dettes. Mais tu veux rire, quand tu dis que tu n'as pas entendu parler de nos petites affaires?

— Cela n'a rien d'étonnant, j'avais passé mon enfance hors de la maison, loin de mon pays ; puis j'ai perdu ma mère, et j'ai tant fait de chemin depuis! Je dois ignorer bien des détails de famille.

Ninette alors, après de longs préambules bien obscurs, bien retors, bien embarrassés, commença l'histoire de la succession, dépeignant Bernard comme un vieux fou dont le bien allait passer en des mains étrangères, etc., etc.

— Eh bien? dit enfin Nazarille.

— Eh bien! cet héritage m'est revenu.

— Rien de mieux, s'il était à vous.

— Ah! voilà, reprit Ninette, ils disent que non.

— Laissez-les dire.

— C'est clair.

— La loi est là, vous n'avez fait que votre devoir, s'il n'y avait pas d'autre parent que vous.

— Ah! voilà, dit encore Ninette, il y avait ta mère...

— Mais ma mère n'y ayant aucun droit...

— Voici : ta mère y avait bien aussi quelque droit, on ne peut pas dire le contraire. Mais, tu conçois, je me trouvais là ; ta mère était loin, et puis elle s'est méfiée de moi, elle ne m'a plus écrit. Qu'aurais-tu fait à ma place ? Bernard aurait tout donné au premier venu ; il valait mieux que ce petit bien profitât à quelqu'un de la famille, n'est-il pas vrai ?

— D'ailleurs ma mère est morte, qu'ont-ils à dire ? Vous rentrez dans vos droits.

— Non, je te demande pardon ; à défaut de ta mère, tu devais hériter.

— Moi ! Mais si cela me regarde, de quoi se mêlent-ils ? Je ne me suis pas plaint. Voilà de plaisants drôles !

— Du moins tu es raisonnable, toi. Nous aurions tout perdu ; tu conçois qu'il vaut mieux...

— Laissez donc, je n'en veux pas entendre parler ! Je suis ravi de ne point vous avoir fait tort. Ah ! c'est bien moi qui vous aurais cherché querelle là-dessus ! Et à combien peut se monter cette prétendue succession ?

— Mon Dieu, c'était une petite maison.

— Quelque masure ?

— Deux jardins potagers.

— Après ?

— Et des vignes.

— Gardez donc, brave cousine, gardez donc, cela

vaut bien la peine de se quereller? Écoutez-moi, avez-vous de quoi vivre?

— Mon Dieu, à peu près.

— Cela vous fait-il un revenu suffisant?

— En province...

— Enfin êtes-vous contente?

— Mon Dieu, oui !

— Eh bien! gardez, ma chère... je ne me rappelle jamais votre nom.

— Ninette.

— Gardez, ma chère Ninette, vivez tranquille; je suis enchanté de vous connaître et de vous savoir heureuse.

— Je pensais bien qu'avec ton éducation et la belle carrière que tu suis, tu n'avais pas besoin...

— Laissez donc, vous dis-je, je suis désolé qu'on vous ait cherché querelle. Je ne me savais pas de si bons parents. Asseyez-vous et causons d'autres choses.

Il la poussa encore une fois vers un vieux sofa, s'assit auprès d'elle et lui prit les mains.

— Vous concevez, cousine, je suis étranger à tous ces démêlés. Vous ne m'en voulez point, n'est-ce pas !

— Moi, pauvre enfant! s'écria Ninette transportée de joie et de surprise.

13.

— Eh bien ! si vous ne m'en voulez pas, chère cousine, embrassons-nous encore une fois.

Il la prit par le cou d'un air câlin, et la baisa sur les deux joues. Ninette riait de ce gros rire contraint dont les gens brusques dissimulent une joie intérieure. Il ne lui était jamais arrivé de se voir embrassée par un homme, surtout par un homme jeune et de cette tournure.

— Ah çà ! tu viendras dîner chez moi ?

— Quand vous voudrez, cousine.

— Ainsi, à ce que je vois, tu as fait à peu près ton chemin.

— Je ne suis pas encore riche, mais je ne me plains pas. Je serais à mon aise en province. A Paris je fais justement la figure de tout le monde, en mettant de côté, tous les ans, deux ou trois douzaines de cent francs.

Ninette l'admira un moment en silence.

— Ah ! tu fais des économies... Tu as raison. Il faut, pendant qu'on le peut, s'amasser quelque chose. Et tu voyages pour ton agrément ?

— Non pas. Je voyage pour mes affaires. Je suis dans une entreprise qui paye mes frais. Je ne perds pas mon temps, vous comprenez ?

— Eh! ne me dis pas *vous*, puisque je te tutoie.

— Je le voudrais, mais je vous prie de m'en dispenser. Nous n'avons pas à Paris cette habitude qui me serait fort douce. Je ne saurais m'y faire. Je ne vous en aime pas moins, croyez bien, ajouta-t-il en lui serrant les mains.

— Ah bien! tant pis, je te tutoierai, moi. Je t'ai vu naître.

Ninette lui fit ensuite mille questions sur sa mère, ses affaires de famille, son état présent, que Nazarille éluda du mieux qu'il put.

— Vois-tu, lui dit-elle selon une certaine coutume de glisser les plus noires malignités dans une conversation affectueuse, vois-tu, ton père était un brave homme, mais il avait aussi ses petits défauts. Il était buveur, il aimait le jeu et le reste, et, ma foi, il a été forcé de quitter le pays. On avait tout saisi.

— Je l'ignorais. Mon père n'était pas né pour le commerce.

— Oui, ton père, vois-tu, fit sottise sur sottise; il dépensait d'un côté, ne gagnait rien de l'autre, et...

— Que voulez-vous? c'est une affaire faite.

— Tu as raison, il vaut mieux n'y pas penser; ce qui est fait est fait, mais ton père aurait pu vous éviter

bien des tourments; c'est lui qui vous a ruinés. Il faut
savoir se modérer, que diable! et ne pas se livrer à
tous ses penchants, d'autant qu'il était paresseux, et
l'oisiveté, comme on dit, est la mère de tous les
vices.

— Enfin, interrompit encore Nazarille, il est mort.

— Oui, c'est le mieux.

Après une conversation interminable sur des sujets
de ce genre, Ninette se leva, emportant la promesse de
Nazarille qu'il viendrait le lendemain déjeuner chez
elle. En un instant elle avait fait le calcul qu'un déjeuner était fait sans cérémonie et moins cher à donner.

Elle courut toute bouillante chez les demoiselles
Percinet, et mit tout le quartier en rumeur : le cousin
l'avait embrassée, il l'avait accueillie avec transport, il
était charmant, riche, spirituel; ils étaient tout à fait
réconciliés, d'autant que le cher enfant ne lui en avait
jamais voulu; il n'avait point écouté tous les mauvais
rapports, etc. Elle mit ensuite le déjeuner sur le tapis
et demanda gravement conseil.

On s'occupa tout le jour à décider le menu. On n'es-
sayera pas de faire sentir la solennité d'un conciliabule
de ce genre à ceux qui n'ont aucune idée de ces mœurs.
Le voisinage fut mis en réquisition pour le couvert :

l'un prêta la faïence, l'autre les couteaux et l'argenterie, ainsi du reste.

Le lendemain, la table fut mise, avec grand luxe de linge blanc, dans la noire et vieille chambre à coucher de Ninette. Ce couvert extraordinaire avait, en cet endroit, quelque apparence d'un reposoir bâti à la hâte au coin d'un carrefour.

Il y avait cinq places marquées autour de la grande table, Ninette avait invité ces demoiselles, saisissant l'occasion de les récompenser de leurs soins.

Toutes étaient sous les armes à l'heure convenue. Mais le cousin n'arrivait point; on allait de la chambre à la porte, de la porte au coin de la rue. On reprenait un couvert sans symétrie, on effaçait un pli de la nappe, on retournait aux fourneaux; enfin on se décida, au bout de trois quarts d'heure, à envoyer chez le cousin.

La femme revint, disant qu'elle l'avait trouvé écrivant, qu'il s'excusait de s'être oublié dans le travail, et qu'il allait venir. En effet, il fut signalé peu après dès le bout de la rue. Deux de ces demoiselles, dans le premier trouble, allèrent se cacher au grenier. Les gens de province s'expliqueront ces mouvements de timidité.

On se mit à table; le cousin fut charmant, mais au

cune de ces dames n'osa manger, il mangea pour toutes. Il les mit à l'aise, il les émerveilla, comme le Mascarille des *Précieuses*, par ses manières et son bon goût. Ninette le tutoyait hautement, et faisait parade de son degré d'intimité; elle l'apostrophait d'un bout de la table à l'autre.

Au dessert on s'anima, le cousin fut également choyé de toutes ces demoiselles. L'une d'elles se hasarda de chanter, sur la guitare, une romance nouvelle dans le pays, qui traînait depuis six ans dans les rues de Paris. Nazarille applaudit très-fort, mais Ninette en fut blessée; elle dit le soir à ces demoiselles que mademoiselle Fanny, leur ouvrière, qu'elle avait invitée par égard pour elles, avait été trop libre avec un jeune homme qu'elle voyait pour la première fois.

Les rapports furent ainsi rétablis sur le meilleur pied entre les deux cousins. Nazarille, à son tour, s'occupa de rendre la politesse à Ninette.

Il y avait à six lieues de la ville une ruine remarquable que les voyageurs allaient visiter, et que l'on appelait Froidefond, à cause d'une source voisine. L'endroit était agréable, et les habitants du pays s'y donnaient rendez-vous en manière de partie de plaisir. Nazarille dit qu'il ne pouvait se dispenser de voir Froidefond, et pria ces dames de l'y accompagner. Une pareille proposition les fit rougir de plaisir, et la partie fut remise au surlendemain.

Rien ne gênait Nazarille pour des parties de ce genre. A l'exception de son vieil oncle, il ne connaissait personne dans le pays ; il n'avait voulu renouer avec aucune des anciennes connaissances de sa famille, ce qui commença de le mettre en mauvaise odeur dans la ville. Il allait seulement passer les soirées trop longues au café en vogue où se tenaient les jeunes gens, qui lui marquèrent assez de déférence, en sa qualité de Parisien.

Le surlendemain, de bonne heure, Ninette, en grande parure, vint chercher Nazarille ; elle le trouva parmi des paperasses, fort occupé à écrire.

— Eh bien ! me voilà. Il est bientôt temps de partir... Tu travailles ?

— Oui, je termine une affaire pressée.

— Tu vas me dire que je suis bien curieuse. Je vois que tu t'occupes beaucoup et que tu as su te tirer d'embarras ; mais que fais-tu ? je n'en sais rien encore.

Nazarille se mit à rire.

— On ne s'imagine pas ici nos occupations de Paris. Il n'y a rien à faire en province ; mais l'argent pleut là-bas pour les hommes actifs et entreprenants. Je suis, à l'heure qu'il est, gérant d'une société en commandite pour la publication d'ouvrages élémentaires propres à répandre l'instruction et les idées nouvelles parmi le peuple. Je parcours la France pour sonder le terrain. On m'a donné trois mille francs pour ce petit voyage, et j'ai une part dans les bénéfices.

Ninette le regarda comme s'il eût dit une longue phrase de pur hébreu, et n'osa pas demander d'autres explications. Elle dit seulement :

— Et cela rapporte, ces choses-là?

— J'ai placé depuis huit jours treize mille neuf cent soixante-dix-huit exemplaires d'un dictionnaire de poche de la langue française. Mettons le gain seulement à quatre sous par exemplaire, ils nous vaudront... comptez.

Ninette vint à lui d'un mouvement brusque.

— Tu réussiras, toi, c'est moi qui te le dis. Tu es laborieux, tu sais t'ingénier. Je ne m'étonne plus si tu fais ton chemin. Nos jeunes gens ici n'entendraient rien à tout cela; la pipe et le café, on ne les tire pas de là.

Elle se promena dans la chambre tandis que Nazarille achevait d'écrire. Il y avait épars çà et là et comme en désordre quelques petits meubles de luxe, un portefeuille élégant, un lorgnon d'écaille, un coffret de laque, de ces riches bagatelles qui font deviner l'aisance.

— A quoi sert cela? dit Ninette.

— C'est une brosse à moustaches.

— Ah! ah! Et ceci?

— Un nécessaire à écrire.

— Dieu, quel bijou! Que de jolies choses on fait maintenant! On ne sait, en vérité, que s'imaginer... Partons, ces demoiselles nous attendent.

Nazarille descendit un moment et revint chercher Ninette. Qu'on juge de sa surprise quand elle vit planté devant la porte l'un des deux carrosses de louage de la ville, qui ne servaient, dans les grandes occasions, qu'au préfet et au receveur-général!

— Tu plaisantes! s'écria-t-elle; nous n'oserons jamais mettre les pieds là-dedans.

— Et pourquoi?

— Allons donc! toute la ville en causerait. Ces demoiselles ne voudront pas venir; elles seraient perdues de réputation.

— Perdues de réputation!

— C'est clair; c'est par trop insolent. On ne nous pardonnerait jamais d'avoir traversé la ville dans cette voiture.

— Encore en faut-il une.

— Tu es fou. On ne va là-bas que sur des ânes. Tu nous ferais jeter des pierres.

Il vit qu'il fallait y renoncer. Tout ce qu'il put obtenir fut d'envoyer le cocher sur le grand chemin, à un quart de lieue de la ville. Ces demoiselles, quand on leur eut parlé du carrosse, et surtout quand elles y furent dûment installées, ne pouvaient non plus revenir d'une galanterie si étourdissante.

Nazarille était dans un négligé de campagne fort galant. Il portait un joli habit de chasse de velours avec un pantalon de coutil blanc, et une cravate de soie, qui firent bayer ces demoiselles comme autant de prodiges de grâce et de bon goût.

Il était en outre d'une humeur agréable qui les avait apprivoisées ; à chaque instant il en surprenait quelqu'une les yeux fixés sur lui. Elles riaient aux éclats au moindre mot qui lui échappait. Mais Ninette, qui s'aperçut de cette bienveillance générale, riait beaucoup moins ; elle demeurait pensive, roulant les yeux de temps à autre sur ces demoiselles et sur son cousin.

La journée fut joyeuse. Le soir, on trouva tout à coup, dressée comme par enchantement, une collation où abondaient les pâtisseries et le vin d'Espagne. Ces

demoiselles raffolaient du cousin de Paris, et le lui laissaient voir assez clairement, grâce à la liberté de la
campagne et aux fumées du vin muscat.

On revint à la nuit en chantant. Ninette, partageant
sa méfiance entre ces demoiselles, avait maintenu sa
place d'honneur à côté de Nazarille. Comme il faisait
déjà noir, en lui parlant familièrement d'affaires dans
la voiture, elle lui dit combien elle était chagrine de le
voir chez l'oncle Simon, et qu'elle voulait lui donner
une chambre dans sa maison. Nazarille répondit d'un
air distrait qu'on y songerait et qu'il craignait de la
gêner. Elle comprit qu'il dédaignait sans doute sa
petite maison triste et mal meublée, et demeura un
peu confuse de sa proposition.

Ninette se coucha la tête échauffée des événements
de la journée.

On ne l'aimait point dans le voisinage à cause de
son caractère, qui n'avait en effet rien d'aimable ; elle
avait toujours porté le poids d'un certain ridicule ; cette
partie était donc pour elle un triomphe aux yeux des
envieux. Seulement sa joie fut troublée par une sourde
colère contre ces demoiselles dont la conduite lui avait
déplu ; et cette colère n'était autre chose qu'une jalousie furieuse. La partie fit en effet grand bruit dans

la ville, car ces demoiselles ne finissaient point d'en détailler les agréments.

Nazarille eut un entretien à ce sujet avec son oncle, qui revenait de la campagne. L'oncle Simon était un homme froid, occupé, et qui ne se mêlait que du soin de ses terres.

— Je sais, dit-il à Nazarille, que tu vas voir Ninette et que vous êtes en politesse. Je ne t'avais point parlé d'elle parce que je te croyais instruit sur son compte. Sais-tu ce que c'est que ta cousine Ninette ?

— C'est une bonne femme, à ce qu'il me semble, pleine de bons souvenirs pour mes parents, et qui prétend m'aimer beaucoup ; elle m'a fait mille honnêtetés.

— C'est clair : elle serait charmée de paraître en bonne amitié avec toi pour faire oublier sa conduite. Ta cousine Ninette, contre tout devoir de parenté, contre toute délicatesse, a frustré ta mère d'une succession, a détourné...

— Oui, j'ai entendu parler de quelque chose de pareil.

— Et tu ne crois pas que cela doive t'empêcher de la voir ?

— Cela est si vieux ! j'étais si jeune ! Faut-il que je lui garde rancune ?

— Ah ! tu le prends sur ce pied ! ce n'est pas à moi
à me plaindre ; à ton aise, mon garçon.

Et l'oncle lui tourna le dos.

Nazarille ne manqua pas de reporter les propos de
l'oncle à Ninette ; il les grossit encore, en ajoutant qu'il
s'en moquait. Ninette se mordit les lèvres. Cette inimi-
tié, la rivalité des voisins, les commérages du quartier,
tout semblait conspirer contre elle ; mais tout cela ne
faisait qu'aiguiser ses désirs.

Brigalier, qui flairait le train des choses, s'inquiéta
pour la première fois et choisit malheureusement ce
moment pour lui remettre devant les yeux, avec précaution, leurs engagements, leurs projets, et l'époque
fixée de leur mariage, qui était proche.

— Ah ! ma foi ! dit crûment Ninette impatientée,
nous parlerons de cela plus tard. Je ne suis pas en
train d'y penser ; on me tourmente de tous côtés ; je
n'ai pas la tête à moi ; mon cousin est ici, il faut que
je m'occupe de lui. Il ne serait peut-être pas fort content de me voir marier. Vous savez pourquoi ?

Brigalier baissa les yeux et reprit de l'air habituel
dont il parlait affaires :

— Vous savez que je veux avant tout votre bien et
que je ne vous ai jamais donné que de bons conseils.

Vous concevez que je n'aurais rien à dire, que j'applaudirais même de tout mon cœur, si vous croyiez devoir en manière de réparation... Car enfin il ne faut pas se dissimuler que vous ne lui ayez fait tort... non qu'il y ait de votre faute... mais si vous jugiez en l'épousant...

— Épouser qui?

— Votre cousin.

— Ah! il y pense bien! C'est un jeune homme aimable, instruit, qui sera riche un jour; il n'est pas assez embarrassé pour songer à moi. Et puis... vous plaisantez. Non, il est mon parent, je l'ai reçu comme je le devais, et voilà tout.

Brigalier n'ajouta rien, et commença de perdre espérance. Sa visite se joignit aux contrariétés qu'éprouvait Ninette et lui fut un nouvel aiguillon.

Elle redoubla de soins pour s'attacher son cousin, et Nazarille se laissa faire de bonne grâce. Elle voulait qu'il l'allât voir tous les jours, et il profitait chez elle de la liberté qu'elle lui laissait par une basse complaisance, il y faisait l'enjoué, le pétulant, l'enfant gâté; il se donnait des airs d'étourderie et de mignardise, il se couchait sur les meubles, prenait ses aises, se faisait servir, et cela comptait pour des gentillesses. Il jouait avec elle, lui faisait mille espiègleries, toutes

privautés dont elle se défendait avec une brusquerie
satisfaite. Il avait pris avec elle l'habitude assez étrangère au pays d'embrasser les gens à chaque visite. Elle
s'y prêtait en raillant, mais ces manières caressantes
et familières faisaient un ravage effroyable dans son
esprit ; elle avait perdu le sommeil, elle consultait les
cartes en secret, et faisait brûler des cierges par ancienne habitude.

Nazarille suivait ses progrès, la surveillait sans en
avoir l'air, et alimentait sa flamme naissante par toutes
sortes de cajoleries que le degré de parenté semblait
permettre, mais qui étaient de l'huile sur le feu.

Le sentiment qu'elle éprouvait n'était plus cet amour
touchant et désintéressé de la jeunesse, mais la passion
honteuse d'une vieille fille où se mêlaient des manies,
des scrupules et mille calculs ; c'était quelque chose
de ce qu'elle avait ressenti pour chacun de ses prétendants.

Elle entrevoyait que Nazarille était un garçon rangé,
qui voulait parvenir, qui avait déjà quelque argent, une
position avantageuse, et qui n'en resterait pas là. Elle
était encore plus séduite, s'il est possible, par son caractère, par ses apparences d'ordre et d'habileté, que
par les agréments de sa personne et les gentillesses

qu'il avait étalées. Enfin, l'idée d'un mariage avec son cousin ne lui semblait pas purement chimérique. Il montrait des goûts sages, tranquilles, et par-dessus tout la soif d'amasser.

Le petit bien qu'elle avait n'était pas à dédaigner pour un homme qui était dans les affaires. Nazarille lui avait laissé voir combien l'argent profitait entre ses mains et qu'il perdait de belles occasions, témoin un bailleur de fonds qu'il avait enrichi récemment malgré lui de huit mille francs ; quant à elle, pour dernier avantage, ce mariage rajustait admirablement l'affaire de la succession et la rattachait pour toujours à la famille de Chloé sans que personne eût mot à dire, et surtout sans qu'elle souffrît de la restitution.

Nazarille, cependant, achevait de mettre le feu aux étoupes par ses assiduités. Ninette lui avait proposé plusieurs fois de venir loger, ou du moins prendre ses repas chez elle ; mais il avait refusé pour lui éviter, disait-il, cet embarras. Il alléguait en outre que son oncle pourrait se fâcher de cette préférence. Au surplus, l'oncle Simon ne parlait plus à Nazarille de sa cousine Ninette et le traitait très-froidement.

Ninette n'avait encore rien dit à son cousin de son

projet de mariage avec Brigalier ; elle s'en ouvrit ainsi dans un moment d'abandon :

— Tiens, cet imbécile de Brigalier qui me venait encore parler de mariage... S'imagine-t-on cela ? Et pourquoi donc l'épouserais-je ? qu'ai-je affaire à lui ? Il me mangerait peut-être le peu que j'ai... et puis ma liberté... je suis trop heureuse toute seule. C'est un brave homme, je ne dis pas non, mais il est vieux, vieux, vieux. Ils ne sont pas honteux ces hommes, ils épouseraient quand ils sont morts.

Nazarille se mit à rire d'un air de distraction et puis à siffler sans répondre.

Le voisinage devina les mouvements de vanité de Ninette et peut-être ses secrètes espérances ; on se déchaîna contre elle, mais elle n'en fut que plus excitée à irriter les esprits, et, comme on formait de certains doutes sur la bonne amitié que lui témoignait son cousin, elle s'évertuait à les confondre. Nazarille pénétra le faible de Ninette et en profita. Un dimanche, par un beau temps, il vint lui proposer de la mener à la promenade, où se rassemblait la fleur de la jeunesse. Ninette se récria, disant qu'elle n'oserait jamais, que toute la ville était là, qu'elle n'y avait jamais paru. Nazarille, s'étonnant, insista. Elle céda, tout étourdie de sa joie :

elle mit sa plus belle robe, une robe de lévantine toute neuve, un bonnet à dentelles de prix, et ils s'en allèrent, bras dessus bras dessous, épouvanter les promeneurs d'un coup si audacieux. Ninette, gauche dans sa démarche, mal à son aise dans sa parure, se rengorgeait avec un mélange de honte et d'orgueil. Ils firent six tours dans les avenues. Depuis deux ans peut-être la ville n'avait eu un tel sujet d'émotion. L'envie était surtout la cause de l'indignation générale; on ne concevait pas qu'un jeune homme *arrivant de Paris*, élégant et bien élevé, pût tomber en partage à l'obscure Garnache, méprisée à bon droit, et qui avait dépouillé Chloé.

— Quand je vous dis que ces Parisiens n'ont ni cœur ni âme, disait le soir au café un fabricant qui avait fait un voyage à Paris.

Cette promenade avança de beaucoup les événements. Le surlendemain, Nazarille entretenait Ninette de ses affaires.

— Ah çà ! lui dit Ninette, où te mènera ce commerce que tu fais ? Quels sont tes projets pour l'avenir, tes espérances ?

— Je suis sûr, chère cousine, répliqua Nazarille, que vous me prenez pour un étourdi. Mais je pense fort sérieusement; cela vous étonne ?

— Non, non, tu ne m'étonneras pas ; je sais que tu es un garçon raisonnable.

— Je vais terminer mes affaires par ici et demander un poste fixe qu'on m'offrait l'an passé. J'ai quelques économies ; les années viennent, j'aime la tranquillité, la vie de famille, le bien-être... et je veux me marier. C'est une belle folie, n'est-ce pas ?

— Pas du tout, tu feras fort bien ; avec ton caractère, ton activité, ton esprit, je te l'aurais conseillé... Sais-tu ce qu'il te faudrait ! Une bonne petite femme bien douce, bien économe, bien raisonnable, qui se chargerait de la maison tandis que tu serais à tes affaires, qui mènerait tout à merveille chez toi, et qui t'apporterait quelque petite chose. Il ne faut pas épouser des gens qui n'ont rien.

— Précisément, une bonne ménagère bien sage, bien laborieuse. Voyez-vous, cousine, je suis las de la vie de garçon ; ce que je veux, c'est le repos, l'ordre, un bon petit ménage, les jouissances de la famille. Je suis né pour ce genre de vie. Ah ! si j'étais secondé, si je trouvais une femme comme je... Mais voilà le difficile.

Le maintien de Ninette se composa, ses yeux demeurèrent fixés sur le carreau de la chambre. Elle reprit d'un air désintéressé :

— Cela peut se trouver... Il ne faut pas non plus être trop exigeant et prétendre à la perfection.

— Quant à cela, je suis trop raisonnable; je veux avant tout une femme de mon goût... Mais vous concevez, je ne voudrais pas non plus une femme qui n'aurait absolument rien.

— Non, je ne te le conseillerai jamais; rien, c'est trop peu.

D'après le train que menait Nazarille, l'essor qu'il avait pris, et ses espérances pour l'avenir, d'après surtout ce que Ninette avait ouï dire des hautes prétentions des jeunes gens d'une certaine éducation, elle s'imagina que le *rien* de Nazarille équivalait pour le moins à une honnête dot de province. Elle continua :

— Cependant, quand on trouve une brave femme avec les qualités les plus essentielles et capable de bien conduire une maison, il faut faire quelques petits sacrifices... on en est bien payé plus tard.

— D'autant, poursuivit Nazarille, que je ferais valoir son petit bien, qui s'augmenterait en peu de temps; mais surtout, je ne veux pas une femme de Paris.

— Oh! les femmes de Paris! Dieu nous en préserve, s'écria Ninette.

— Quand je me mis en voyage, reprit Nazarille d'un

air réfléchi, j'avais pensé à m'informer dans ce pays, dont je sais les habitudes... Mais je ne connais plus personne ici.

Ninette se sentit piquée au vif en songeant à ses alarmes durant la promenade de Froidefond; elle préluda par une sorte de grognement dubitatif.

— Eh!... tiens, ces petites Percinet... ça n'a rien... ça travaille tout le jour pour gagner dix sous... et ça est encore coquet, ça se mêle d'avoir des goûts de dépense. L'aînée n'a aucun ordre, tout lui fond dans les mains; l'autre est une imbécile. Quant à leur ouvrière, je n'en dis rien, c'est une effrontée. Il logeait ici des officiers, et Dieu sait! les clins d'œil, les romances, la guitare, tout s'en mêlait.

— Ah çà, dit Nazarille en lui passant un bras autour de la taille, qu'elle avait sèche et carrée comme un soliveau, et vous, cousine, pourquoi ne m'épouseriez-vous pas?

— Moi! s'écria-t-elle en le repoussant, tu es fou, tu n'y penses pas!

— Et pourquoi donc pas?

— Allons donc! reprit-elle en ricanant. D'abord, nous sommes cousins, non germains à la vérité, mais autant vaut; et puis tu n'es qu'un enfant. Je ne voudrais pas faire ton malheur. Un jeune homme, allons donc ! un jeune homme de ton âge, qui ne demande qu'à s'amuser...

— Eh mon Dieu ? dit Nazarille en poussant un gros soupir, je suis bien revenu de ces amusements trompeurs, je n'y ai jamais pris grand goût. Je ne songe qu'à faire paisiblement mon chemin ; je vous connais parfaitement, vous êtes sage, laborieuse ; vous avez peu de chose, il est vrai, mais vous me revaudriez beaucoup plus par vos qualités. Et puis je vous aime, je vous le dis sans grimaces qui ne seraient point de mise entre nous, je me suis fait à vous, et je vous aime de tout mon cœur.

Ninette renvoya bien loin ses insinuations, mais elle était ravie, et chaque parole répondait à l'un de ses plus ardents désirs. Elle reprit d'un grand sérieux :

— Non, je ne veux pas t'épouser, cela ne se doit pas... c'est impossible... Mais si je puis t'être utile, si tu veux des fonds pour ton entreprise, je suis à ton service... Combien dis-tu que tu as fait gagner à cet homme de l'autre jour ?

— A peu près huit mille francs. Il n'avait qu'une action.

— Le brigand! c'est pour en pleurer. Mais cette occasion peut revenir?

— Parfaitement.

— Eh bien, compte sur moi. Tu n'es pas obligé de m'épouser pour cela.

— Mais, cousine, dans une affaire où j'agirais seul, je me ferais scrupule d'employer en partie pour mon compte des fonds qui ne m'appartiendraient pas. La chose est sûre, mais encore... si vous étiez ma femme, à la bonne heure.

C'était la réponse qu'attendait Ninette. Elle affecta un petit air mutin.

— Bah! tu perds la tête.

— Encore une fois, pourquoi?

— Parce que...

Elle reprit :

— Ce n'est pas là l'embarras, notre mariage ne serait pas aussi disproportionné qu'on pourrait croire.

— Vous voulez être plus âgée que moi, je ne m'en serais pas douté.

— Allons, tu as beau dire, je suis ton aînée.

Les choses en restèrent là, mais Ninette traita Nazarille avec une sorte d'intérêt plus proche. Quelques jours après, elle lui dit :

— Pourquoi t'obstines-tu à demeurer chez les Simon ? Tu dois périr d'ennui dans cette vieille maison. La femme radote, l'oncle est toujours par voie et par chemin. Viens ici ; nous sommes tout aussi bien parents. Tu seras mieux soigné. Si tu dois bientôt partir, que j'aie au moins le temps de te voir.

Elle revint si souvent là-dessus, que Nazarille céda. Il était déjà en froideur avec son oncle, il lui donna de mauvaises raisons pour s'excuser de le quitter, mais il ne put s'empêcher de se brouiller avec lui. Le bonhomme haussa les épaules et ne voulut plus le voir. Il dit à quelqu'un :

— Il s'est laissé engluer. Je n'y comprends rien. Je croyais que les Parisiens avaient plus d'esprit.

<h2 style="text-align:center">V</h2>

Ninette dépensa quelque argent pour accommoder une chambre aux habitudes de son cousin ; elle se procura une table de toilette, elle emprunta une paire de rideaux blancs, deux flambeaux de cuivre doré.

— Ce garçon-là, disait-elle chez M. Percinet, est accoutumé à des douceurs. Je n'aurais pas osé le mettre dans ma chambre verte telle qu'elle est.

Cette chambre verte était une pièce étroite et longue, obstruée d'un lit de forme dite *à l'ange,* à hautes pentes de serge verte d'où elle tirait son nom. Elle n'avait qu'une fenêtre qui donnait sur une petite cour sombre et humide ; c'était là ce que Ninette appelait glorieusement *sa chambre verte.* Cette pièce fut décorée avec un surcroît de luxe, et Nazarille vint l'occuper.

Ninette triompha à la face de toute la ville. Elle changea elle-même sa manière de vivre. Elle parut plus recherchée dans sa mise. On la vit acheter au marché des morceaux dont elle n'avait jamais approché. Le menu de son dîner courait de bouche en bouche, depuis la porte Saint-Savinien jusqu'à l'octroi de l'hôpital. Enfin, malgré la difficulté d'imaginer un coup si imprévu, si audacieux, si extraordinaire de la part de Ninette, un soupçon transpira sur les probabilités d'un mariage avec le cousin. Ninette répétait tous les matins à Nazarille :

— Quoi qu'on te dise, n'écoute rien. Ce pays est terrible pour les propos. Les gens y sont d'une méchanceté !

Cependant rien n'était décidé. Nazarille dit un jour à Ninette qu'on cherchait à marier la fille d'un gros fermier, qu'il en avait ouï parler, et qu'on pourrait bien faire quelques démarches auprès de lui. Il ajouta qu'il ne répugnait point à épouser une campagnarde aisée, élevée dans le travail et l'épargne, et qui n'avait aucune idée de la prodigalité des villes.

Cette confidence décida tout. Le lendemain, dans un entretien à ce sujet, après bien des détours, après bien des marches, des contre-marches et des retraites savamment couvertes, Ninette mit fin à ses irrésolutions, et se rendit avec les honneurs de la guerre ; le mariage fut résolu.

Le même jour, Nazarille descendit ; et tirant un rouleau d'écus de sa poche :

— Écoutez, cousine, nous nous marions, c'est fort bien, mais j'aime que tout se fasse avec ordre. Je mange chez vous, il est juste que je vous paye. Voici le premier mois de ma pension, sauf les arrangements que nous prendrons plus tard.

Ninette accepta sans trop de difficultés. Elle disait le soir à ses voisines :

— Quel garçon délicat et que d'ordre ! Je vous jure

qu'il n'y a que ses qualités qui me décident. Je sens
que je serai heureuse.

Mais on voyait bien qu'elle était éperdument éprise
de son couisn. Ce qui étonna par-dessus tout, ce fut
la passion que fit par degré éclater Nazarille. Il avouait
cet amour à qui voulait l'entendre, et le témoignait à
Ninette en mille façons; il la comblait de galanteries;
chaque jour il lui faisait tenir un très-beau bouquet,
ce qui était un sujet de grandes risées dans tout le quartier, à ce point que Ninette, qui d'abord avait fait parade de cet attachement, en avait presque honte.

On s'était d'abord déchainé sur ce qu'ils demeuraient
ensemble, car on n'était pas la dupe de leur prétendue
parenté qui couvrait cet arrangement; mais on n'eut
rien à dire quand le mariage fut annoncé. Ninette alors
prit le dessus, et laissa débiter tout ce qu'on voulut.
On n'avait jamais pensé seulement qu'elle pût se marier : que dire en la voyant épouser un jeune homme
riche et amoureux ? La rage des commères fut confondue par un bonheur si insolent.

Ninette elle-même, au comble de ses vœux, comprenait à peine comment elle y était parvenue, et voulait
hâter les choses, comme si elle eût craint qu'une telle
fortune ne lui échappât. Elle fit d'abord venir Brigalier,

qu'elle crût devoir prévenir, et qui ne parut pas surpris de la communication, il s'y attendait ; quand elle
eut fini de le mettre au fait, il la loua très-fort de sa
résolution, sans dépit, sans grimace ; et elle fut ravie
de la manière dont il prenait la chose. Elle le consulta
sur les affaires d'intérêt qu'elle voulait régler avec son
cousin ; il en parla avec le même sang-froid.

Nazarille, voyant les événements se précipiter, mar-
qua le désir de remettre le mariage à deux mois, parce
que, disait-il, d'ici là ses affaires seraient en règle.
Il portait en outre le deuil d'un filleul qu'il avait beaucoup aimé, et dont il venait d'apprendre la mort. Ninette fut extrêmement contrariée de ce retard, mais
comme pour mieux lier Nazarille :

— En attendant, lui dit-elle, tu peux disposer des
fonds en question, puisque tout doit être commun entre nous. Au surplus, tu t'entends à ces choses-là mieux
que moi. Va trouver Brigalier de ma part ; il est prévenu, tu t'arrangeras avec lui.

— Il est inutile, cousine, de déplacer vos fonds pour
deux mois. J'y aviserai, j'écrirai à Paris.

— Allons donc, est-ce que je le souffrirais ? Il peut se
présenter d'ici là une bonne opération. La gestion t'ap-
partient dès à présent.

— En ce cas, je crois, cousine, dit Nazarille pensif, que vous serez obligée de vendre vos potagers.

— Tout ce que tu voudras. Va trouver Brigalier, te dis-je, et fais-toi bailler un petit acte que tu me montreras.

Il était difficile, en effet, de conserver ces propriétés, selon les dispositions du nouveau ménage, puisque Nazarille devait emmener Ninette à Paris, où était le siége de ses opérations. Elle y avait consenti de grand cœur.

Il était convenu cependant qu'on garderait la maison qu'elle habitait, pour servir de pied à terre, et peut-être pour s'y retirer un jour. Ninette goûtait aussi cet arrangement, car elle ne pouvait se résoudre à ne plus revoir ce pays, malgré les grands désagréments qu'elle y avait éprouvés.

Nazarille ne connaissait pas les lois et n'entendait rien aux affaires, mais il prit confiance dans le nom de l'homme dont il s'agissait. Il se rendit chez Brigalier.

Brigalier était un petit homme un peu bossu, très-bavard, d'un parler caressant, et qui avait l'accent d'une province voisine d'où il était venu s'établir dans la ville. Il logeait dans une belle maison, et quoiqu'on n'ignorât rien sur son compte, il était parvenu à s'in-

sinuer parmi la bonne bourgeoisie. Il se donnait la
qualité d'homme d'affaires, mais sa meilleure industrie
était, comme on sait, l'usure et les affaires troubles.
Cet homme n'avait jamais peut-être ouvert un livre,
mais il était la terreur des jurisconsultes les plus déliés
du département; et cè qui prouve cette parfaite intelligence de nos lois, c'est qu'il avait cent fois mérité les
galères, sans qu'on eût jamais pu l'y mener.

Il est rare en province qu'un étranger ait besoin de
s'annoncer. Les gens qu'il va visiter l'ont aperçu vingt
fois avant de le voir chez eux. Brigalier savait mieux
que personne tout ce qui concernait Nazarille et Ninette.
Il ne fut donc pas très-étonné de la visite du jeune
homme; il le reçut avec son empressement accoutumé, le fit asseoir, et toutefois il lui demanda son
nom. Nazarille se prêta à tout d'un air ouvert et
candide.

— Ah ! fit Brigalier en levant les mains, m'y voici :
vous êtes sans doute le petit Nazarille ?

— Justement.

— Le fils de Chloé ?

— C'est cela.

— Le petit-fils de Laflèche ?

— Vous y êtes.

Brigalier reprit, en modulant son exclamation sur trois tons :

— Ah ! ah ! ah ! je me souviens de vous parfaitement. Je vous ai vu pas plus haut que cela. Ah ! oui-dà !

Il fixa sur Nazarille ses yeux fauves avec un mélange difficile à rendre d'inquiétude, d'étonnement et d'effronterie.

Le cousin détailla les préparatifs de son mariage et les arrangements qu'ils avaient pris, Ninette et lui. L'opinion qui courait sur Nazarille dans la ville était qu'il était un fou ou un imbécile. Brigalier pencha un moment vers l'avis du public.

Nazarille entama du même air le projet de l'acte qu'il voulait faire dresser, en avouant qu'il n'entendait rien à ces affaires, qu'il s'en remettait parfaitement aux soins de M. Brigalier, et qu'il suffisait que M. Brigalier comprît bien ses intentions ; enfin il lui parla de vendre le lot de terre qui comprenait les vignes et les potagers, en ajoutant que cela était fort pressé.

— Voilà le diable, dit Brigalier, je ne vois pas pour le moment d'acquéreur.

— Il faut qu'il s'en trouve, dit froidement Nazarille, il n'y a pas à retarder.

Brigalier fouilla une liasse de papiers.

— Rien, dit-il, je ne vois rien pour le moment.

— Allons donc, reprit Nazarille, vous trouverez ce qu'il nous faut, à tout prix.

Brigalier croisa les mains et leva les yeux au plafond.

— Attendez, dit-il en rêvant et comme se parlant à lui-même, je crois me rappeler... oui, il y a un paysan... c'est un homme du pays de Saulx... qui me parlait il y a quelque temps d'acheter en bloc tous les terrains ; mais il parlait d'un prix si bas, que je l'ai envoyé bien loin. D'ailleurs il n'était pas question de vendre dans ce moment-là.

Brigalier devina le mouvement d'interrogation de Nazarille, et continua :

— Il parlait de neuf mille cinq cents francs, autant que je puis me rappeler.

— On les lui donne, dit Nazarille.

— Oui, neuf mille cinq cents...

— Les prendra-t-il ? Y peut-on compter ?

— A ce prix, j'en réponds. Je n'ai qu'un mot à dire, répondit Brigalier sans lever les yeux.

— C'est fait, dit Nazarille.

Brigalier tourna vers lui un regard rapide. Nazarille

commença d'expliquer, tout en revenant sur son ignorance, quelle tournure il voulait à peu près qu'on donnât à l'acte. Tandis qu'il parlait, Brigalier hochait doucement la tête. Il fit enfin un mouvement comme s'il allait répondre, mais Nazarille ajouta sans lui donner le temps :

— Et vous mettrez trois mille francs pour vos honoraires, sans préjudice des menus frais. Nous serons raisonnables. Il vous sera loisible de prélever la somme à votre guise.

Brigalier regarda encore une fois Nazarille, qui soutint effrontément le feu de ses petits yeux luisants. Le souvenir de la mort de Bernard traversa comme un trait de lumière le cerveau de l'homme d'affaires. Les deux interlocuteurs se devinèrent dans ce moment de silence ; mais Brigalier donnant le change :

— Bon, bon, je comprends, je vois à présent ce qu'il vous faut, c'est un acte de commandite fait à l'amiable ; j'arrangerai ça. Je vous ferai voir un petit modèle, et je me charge de le donner à signer à la future.

Brigalier, en s'acquittant de la commission, fit un grand éloge de Nazarille à Ninette, et la félicita sur l'union heureuse autant qu'inespérée qu'elle allait contracter. Elle signa avec empressement les papiers que l'homme d'affaires avait préparés, et fut même fort touchée de la délicatesse qu'elle y remarqua.

Il s'agissait ensuite de certaines dispositions inté-rieures : Nazarille visita la maison pour s'assurer des réparations, disait-il, et des meubles nouveaux qui pourraient la rendre *habitable*.

Ce mot fit impression à Ninette, et recula de beau-coup les bornes qu'elle pensait donner aux embellisse-ments.

Il faut ici se rappeler la physionomie de sa maison : le rez-de-chaussée, loué à un fabricant de draps, ser-vait de magasin de laines ; les fenêtres en étaient gril-lées, et bouchées par les balles. Deux chambres du haut étaient louées, l'une au chef d'orchestre du théâ-tre, l'autre au quartier-maître du régiment ; puis ve-naient les greniers. Ninette ne s'était réservé au pre-mier étage que trois pièces ; une chambre à coucher sur la rue, à peine éclairée et embarrassée d'un grand lit ; une seconde pièce sur la cour, qu'elle occupait d'ordinaire, et qui servait à tout. L'ameublement s'en ressentait. Des ustensiles de cuisine pendaient au ha-sard sur les murs parmi des rangées de poterie jaune et verte ; des ouvrages de couture sur la table. Les toiles d'araignée drapaient le recoin des solives ; la cendre du foyer, mal contenue entre deux longs chenets de fer, s'étalait jusqu'au milieu du carreau ; une crémaillère tombait de la cheminée, comme dans les cuisines d'auberges, et l'on y voyait toujours un chaudron accroché, bien qu'il n'y eût jamais de feu. Il y avait encore derrière cette pièce, par où l'on entrait, un cabinet obscur, encombré de fagots et de vieilleries. En somme, ce logement sombre, malpropre, délabré, était celui d'une pauvre femme qui n'aurait eu pour vivre que le loyer de ses chambres.

Nazarille, durant cet examen, tantôt haussait les épaules, tantôt hochait la tête, et faisait claquer sa langue entre ses dents, en signe d'inquiétude. Ninette le suivait avec intérêt et s'efforçait d'atténuer les mauvais effets de cette inspection.

— Nous aurons bien des choses à faire ici, dit-il enfin.

— Ce qu'il te plaira, dit Ninette avec effusion.

— D'abord, nous renvoyons les locataires ; il faut être maître chez soi. Vous concevez, chère cousine, que je ne puis recevoir des voyageurs, des correspondants, dans un appartement comme celui-ci ; il me serait très-incommode à moi-même de l'habiter : nous y ferons quelques petites dépenses. Ce n'est point là de l'argent perdu. Qu'est-ce que c'est que cette grande machine ?

Ninette ouvrit avec orgueil sa grande armoire, et montra pour toute réponse l'imposante masse de son linge, éblouissante et symétrique comme la façade d'un bâtiment neuf.

— Ah ! que de chiffons !

Ninette fut confondue de l'exclamation qui mettait à néant la plus grande richesse de sa maison. Elle reprit d'un air offusqué :

— Tu badines ! C'est notre linge.

— C'est un usage ridicule de la province ; qu'avons-nous besoin de ce magasin ? Il faudra débarrasser un peu cette baraque, afin de pouvoir en faire du feu.

On touchait au 15 du mois ; le quartier-maître et le musicien furent renvoyés. Nazarille demeura seul sur son palier. Ninette prit alors ses réserves : la nuit, elle s'enfermait chez elle au verrou ; elle se donnait à cœur-joie des gentillesses de sa situation, et s'égayait en mille agaceries gauches. Un soir, elle courut se cacher, en riant aux éclats de ce que son cousin l'avait surprise en bonnet de nuit sur l'escalier.

Les maçons vinrent ; Nazarille dirigea les travaux.

Ce logement où s'étaient enracinées les longues habitudes de Ninette, tout vieux et tout incommode qu'il fût, avait encore pour elle de grands agréments. L'avarice lui avait fait trouver de certains charmes dans sa manière de vivre. La simplicité de cette existence ne lui laissait aucun souci. Elle vivait de si peu ! elle était si bien faite à ce peu d'embarras ! Si elle n'avait point de meubles, elle n'avait pas le soin de les entretenir ou le chagrin de les voir se perdre. Elle déjeunait chaque matin au saut du lit une avec botte de radis et un peu de sel, sur le coin de la table. Elle sortait de chez elle, sachant que rien n'y traînait ou n'y demeurait en souffrance ; tout était y net et serré ; elle avait trouvé à la longue une volupté secrète dans ce petit train, qui la rendait contente de tout ce qui l'entourait, et elle prisait le dernier tesson de sa faïence à l'égal d'une vaisselle d'or. C'est ainsi, comme elle l'avouait à Nazarille pour lui vanter son économie, qu'elle ne dépensait pas plus de quatre cents francs par an, y compris les trois francs qu'elle donnait chaque mois à la femme qui rangeait ses chambres.

Ces vieilles et douces habitudes furent rompues. Malgré l'amour et les hautes espérances qui transportaient Ninette hors d'elle-même, elle ne put s'empêcher

15.

de soupirer en voyant vendre ses vignes, où parfois elle allait toute seule, dans la saison, grapiller quelques fruits qui ne lui coûtaient rien. La perte de ses potagers ne lui fut pas moins sensible; elle en tirait, avec le loyer, soit des fleurs, soit des légumes, que le jardinier lui donnait en passant, les jours de marché.

Nazarille, triomphant, lui apporta les actes de vente et la reconnaissance des sommes qu'il avait entre les mains; et, se jetant d'un air de lassitude dans un vieux fauteuil, il s'écria :

— Ah! c'est autant de fait, voilà comme je mène les affaires !

Il annonça en même temps, sur la parole de Brigalier, qu'on ne tarderait pas à trouver un excellent marché pour le moulin, qu'on voulait vendre aussi. Là-dessus, il embrassa Ninette de toute sa force.

En trois jours, les maçons mirent la maison en ruines. Les deux grandes pièces furent coupées de plusieurs cloisons, les meubles inondés de chaux et de plâtre. Ninette couchait tous les soirs parmi les gravois, prête à pleurer en regardant autour d'elle.

Les peintres, les menuisiers succédèrent aux maçons. Ninette frémit surtout quand elle crut s'apercevoir que sa première chambre prenait la tournure du café mili-

taire, récemment décoré à l'instar de Paris, et renommé
par son luxe ; on avait enluminé sa pauvre cuisine, du
haut en bas, de filets, de guirlandes, de rosaces, de
marbrures ; elle n'osait s'en expliquer avec Nazarille,
mais elle lui disait parfois avec un sourire pénible :

— Tu veux donc un château?

A quoi Nazarille répondait agréablement :

— Il n'est rien de trop beau pour vous, cousine.

Il avait dressé son plan : on le suivit. On fit au rez-
de-chaussée une grande et belle cuisine, avec ses dé-
pendances, ses caves, son garde-manger ; au premier
étage, une salle à manger à pilastres, statues et plafond
orné ; un salon, une chambre à coucher, des cabinets,
et le reste à l'avenant.

— Vous comprenez, disait Nazarille, que nous ne
pouvons nous loger comme les merciers de la Grand'-
Rue. Il faut figurer selon son état.

Mais jusqu'alors il semblait à Ninette qu'on n'avait
fait que tout gâter. Le matin, en se levant, ou le soir,
quand elle était seule, elle jetait un regard confus autour d'elle et mangeait une gousse d'ail au milieu de
ces magnificences. Elle disait souvent au cousin :

— A quoi bon tout cela? Pour ma part, je n'y tiens
guère. Ce sont là des fantaisies de millionnaire. On peut

être heureux, je t'assure, avec beaucoup de simplicité.

Nazarille se mettait à rire et lui donnait de petites tapes sur la joue, d'un air de tendresse mêlé de pitié.

— Dans cinq semaines d'ici, vous serez la maîtresse ; jusqu'alors, cela me regarde.

Elle finissait par rire avec lui et se rattachait de toutes ses forces à l'avenir.

Le moulin fut vendu. Nazarille, en l'apprenant à Ninette, ajouta :

— Tout va bien ; je viens de recevoir une lettre fort satisfaisante. Une portion de mes fonds me revaut soixante pour cent ; c'est honnête.

— Ah ! dit Ninette, à la bonne heure. Il faut commencement à tout.

— Mais, reprit Nazarille, il faut s'occuper du mobilier. J'irai voir Brigalier et je vous ferai un billet, ou je demanderai des fonds à Paris. Mais, dans ce dernier cas, nous serions encore reculés d'un mois.

— Prends ce qu'il te faut chez Brigalier, dit Ninette, et fais-moi ton billet.

— En même temps, reprit Nazarille, j'ai rencontré une excellente occasion.

Il avait trouvé, pour un retour honnête, à changer le gros linge de l'armoire contre des draperies de soie et d'autres étoffes d'ameublement qui venaient de Paris et qu'on vendait fort cher. Ninette vit tomber en pièces sa grande armoire, et son précieux amas de linge mis au pillage. Ce ne fut pas sans de grands déchirements.

Les scrupules et les étonnements redoublèrent bien davantage, quand on commença d'apporter les meubles que Nazarille avait commandés. Le sous-préfet ni même M. Labastide, le plus riche propriétaire du pays, n'en avaient de pareils.

C'étaient des velours, des bronzes, des acajous à n'en plus finir. Mais, quoi qu'on fît, l'appartement de Ninette n'en prenait pas meilleur air. Ces meubles, les plus beaux du pays, n'étaient, en somme, que de la pacotille envoyée de Paris ; les décorateurs n'avaient point de goût, les tapissiers ne savaient pas leur métier et ne pouvaient établir cet ensemble si nécessaire aux ameublements. Le défaut d'harmonie était cause que les meubles s'amoncelaient sans meubler ; on en apportait sans cesse, et les pièces demeuraient inachevées.

Ninette, au milieu de ce luxe, se gardait de toucher à rien ; elle n'osait ni manger sur les tables, ni s'asseoir sur les chaises, ni coucher dans son lit. Elle prenait à chaque instant le plus beau coin de son tablier pour essuyer çà et là l'ombre d'une tache qu'elle croyait apercevoir, et quand Nazarille la consultait sur quelques-uns de ces objets, elle ne pouvait s'empêcher de soupirer en disant :

— Sans doute, c'est fort beau, mais...

Elle cherchait elle-même à se bien représenter les avantages de sa situation, elle s'efforçait de se repaître de ces sortes de jouissances si nouvelles pour elle, mais elle n'y pouvait réussir...

La rage des voisines était montée si haut contre Ninette, que décidément on ne lui parlait plus ; ses connaissances particulières même affectaient de l'éviter dans la rue. On la croyait devenue folle à mesure qu'on apprenait ce qui se passait chez elle ; Ninette le savait et se prenait elle-même en pitié.

Mais ce qui mettait le comble à sa confusion, c'était que Nazarille l'accablait de cadeaux et de galanteries insensées, témoignage d'une passion outre mesure. C'était ordinairement un meuble de prix qu'il lui envoyait en manière de surprise, tantôt une paire de candélabres, une jolie table à ouvrage, tantôt un bon fauteuil de coin de feu ; elle n'aurait osé pour tout au monde se servir de ces objets précieux, dont souvent même elle ignorait l'usage. Elle s'écriait d'un ton consterné en les recevant :

— Quel dommage ! Elle les rangeait avec précaution dans un coin, tout emballés, et n'en approchait plus.

Cependant elle commençait à s'inquiéter. Une situation et des événements si contraires à son caractère avaient fini par altérer son humeur ; souvent les galanteries dispendieuses de son cousin la surprenaient au milieu de ses pénibles réflexions. Un jour, on lui apporta de sa part une table à thé.

— Comment dites-vous ? s'écria-t-elle.

Elle ne savait pas seulement ce que c'était que le thé ; on en fit des gorges chaudes dans tout le quartier. Ces prodigalités la couvraient de ridicule ; elle le sentait bien et avait fini par s'en cacher, après avoir supplié mille fois Nazarille de mettre un terme à ses dépenses.

A quelques jours de là, poursuivie par ses inquiétudes, elle demanda à Nazarille quand il comptait se marier. Il fixa la cérémonie à trois semaines de là. Ceci se passait le 29 du mois de juillet, c'était un dimanche ; le lendemain, des voisines accururent tout chaudement chez Ninette et lui racontèrent comme quoi son cousin, ayant trop bu sans doute à dîner, avait donné un scandale jusqu'alors inouï dans la ville, en poursuivant des jeunes filles à la promenade et leur tenant des propos d'une gaieté fort inconvenante. Ninette tomba de son haut.

— C'est impossible ! il est si doux, si poli.

— C'est qu'il était ivre, disaient les voisines.

— Ivre ! s'écria Ninette.

Le fait fut avéré. Nazarille s'excusa sur un dîner extraordinaire qu'il s'était vu forcé de rendre à certains jeunes gens qui lui avaient fait politesse. Il finit par toutes sortes de cajoleries qui parvinrent à rassurer Ninette.

Brigalier, par état, savait à merveille tout ce qui se faisait de secret dans la ville ; il apprit, en surveillant Nazarille, qu'il avait paru dans une maison où l'on jouait secrètement, et fit doucement glisser ce détail jusqu'à Ninette, par un canal de commérages qu'il s'était ménagé. De nouveaux bruits s'ajoutèrent aux premiers, les rapports coïncidèrent, et de toutes parts il vint aux oreilles de Ninette des accords menaçants, comme le prélude lointain d'une symphonie terrible.

Ninette d'abord refusait de croire, puis elle joignait les mains, elle les croisait sur sa tête, elle levait les yeux au ciel, n'osant mesurer toute la profondeur de l'abîme qui s'ouvrait sous ses pas.

Un de ces soirs-là, comme elle était ensevelie dans

les plus noires méditations, au milieu des apprêts de
sa splendeur future, elle entendit du bruit à sa porte.
Elle était sans lumière : on riait, on s'étonnait, des
hommes semblaient poursuivre quelque opération de
transport :

— Prenez garde au coin, longez le mur, — là, —
doucement, — reposez-vous, — prenez à droite, —
tenez bien.

On entra dans le corridor.

— Vite, dit une voix, Ninette, descendez de la lumière.

Elle se précipita vers l'escalier ; les voisines étaient
déjà là avec leurs chandelles. — On vous apporte
quelque chose, disait-on d'un certain air.

— Et quoi ?

Elle vit une masse de bois longue, épaisse, carrée,
enveloppée de toile, qu'on hissait à grand'peine dans
l'escalier.

— Et qu'est-ce que c'est ?

— Je ne sais pas, dit le portefaix ; un *piano*... a dit
le monsieur, je crois.

— Un piano ! dit Ninette stupéfaite ; qu'est-ce que
vous voulez que je fasse de ça ?

Elle entendit en rentrant un long éclat de rire de

tous les assistants qui étaient venus jouir de son étonnement et de sa confusion.

Nazarille, ce soir-là, ne parut pas, et ce n'était pas la première fois que cela lui arrivait depuis quelques jours. Ninette passa la nuit dans les larmes.

Les commères, une fois sur la voie, découvrirent toute la conduite du cousin. Elles venaient tous les jours avec délices assassiner la Garnache de ces détails. D'ailleurs Nazarille ne se donnait plus la peine de cacher ses désordres; on sut qu'il paraissait chaque soir dans les maisons de jeu, et même qu'il s'y distinguait par le gros jeu qu'il jouait. On apprit en même temps, avec la promptitude et la précision d'une police bien organisée, qu'on avait vu entre les mains d'un homme qui prêtait sur gages diverses pièces de linge bien connues pour appartenir à Ninette, et qui provenaient sans doute des débris de la grande armoire. Brigalier, du fond de son cabinet, tenait tous les fils de cet espionnage. Une voisine, qui s'était déclarée en guerre ouverte avec la Garnache, s'abaissa tout à coup à capituler pour lui venir officieusement conter qu'elle avait, à la vérité, quelque petite rancune contre elle, mais qu'au fond elle l'estimait trop pour lui cacher le précipice où elle courait, et tout ce qu'on avait décou-

vert sur le compte de son prétendu, notamment l'histoire du linge. Ninette, à ces nouvelles, bondit comme
une panthère blessée; elle mit son châle en tremblant
et courut chez Brigalier, qui l'attendait. Il mit ses lunettes d'un air aimable, consulta ses registres, et finit
par l'informer que le total des sommes distraites par
les opérations de Nazarille se montaient à 18,599
livres 75 centimes. Il ajouta qu'il n'y avait pourtant
rien à craindre, que Nazarille était un habile garçon,
et félicita de nouveau Ninette sur le mariage avantageux qu'elle allait conclure.

Ninette s'en alla sans dire un mot. Elle s'enferma
chez elle, ne dîna point, et demeura tout le jour sur sa
chaise, abîmée dans ses réflexions, tantôt pleurant à
chaudes larmes, tantôt tordant ses bras et poussant des
cris de fureur. Dans une de ces crises, elle s'élança
sur les meubles neufs pour les briser; son naturel ménager la retint.

La nuit était tombée; elle entendit quelque bruit
dans la rue et des instruments qui s'accordaient. Elle
entr'ouvrit sa fenêtre, et vit des hommes rangés en rond
devant sa porte. Les gens du quartier faisaient galerie
de l'autre côté de la rue. Elle douta un moment de ce
que ce pouvait être, mais bientôt une symphonie se fit

entendre ; les rires des assistants lui expliquèrent
tout : on lui donnait une sérénade. D'ailleurs son nom,
souvent répété dans la romance qu'on chantait, ne lui
laissait aucun doute sur la galanterie de Nazarille. Elle
courut se cacher sous son lit.

Il lui fallut entendre jusqu'au bout les maudits instruments et les éclats de rire que cette scène excitait.
Jamais charivari ne fut plus honteux. Ninette, hors
d'elle-même, courut au grenier pour se dérober tout à
fait à ce triomphe.

Nazarille arriva lui-même, quelque temps après,
d'un air conquérant, comme un homme satisfait de sa
galanterie. Ninette ne voulait pas lui ouvrir, mais elle
fit réflexion qu'elle était en son pouvoir, et qu'elle
n'avait pour dernière ressource qu'à dissimuler et
prendre les choses au plus doux. D'ailleurs le monde
était écoulé, les musiciens partis. Elle ouvrit, étouffant
de colère, et lui dit d'un ton adouci :

— Tu es fou, mon ami.

— Fou de vous, oui, cousine, reprit Nazarille en lui
jetant les bras au cou.

Pour la première fois, elle le repoussa, en modérant
toutefois son impatience.

— Cela doit coûter des sommes ?

— Bah ! pour une centaine de francs, on fait râcler tous ces coquins.

— Jésus ! s'écria Ninette.

— Rien ne coûte, dit Nazarille, quand il s'agit de vous plaire.

Ninette le fit asseoir, et garda quelque temps le silence ; puis elle se hasarda, par forme de transition, à mettre l'entretien sur le chapitre des affaires d'intérêt et des opérations actuelles. Nazarille prit un air inquiet ; il l'embrassa de nouveau.

— Je ne voulais point vous en parler... tout peut s'arranger.

Ninette se sentit glacée d'une sueur froide. Nazarille avoua qu'il avait reçu de mauvaises nouvelles, que l'opération n'avait pas tout à fait réussi, mais qu'il ne fallait désespérer de rien, que l'affaire était en très-bonnes mains ; etc., etc.

Ninette se leva en criant :

— Ah çà ! mon argent n'est pas perdu ? Qu'ils n'y comptent pas. Je leur arracherais plutôt le cœur du ventre. Ils ne me connaissent pas !

Nazarille se mit à rire et la prit dans ses bras. Elle feignit de se radoucir, et ils se dirent bonsoir assez tendrement.

Ninette depuis longtemps ne dormait plus. Il est plus aisé de concevoir que d'exprimer les combats que se livraient dans son cœur son violent amour et l'avarice; quels assauts elle eut à soutenir et quelles violences furent faites à son caractère. Enfin la plus vieille passion avait pris le dessus; elle agitait mille projets, elle voulait rompre avec Nazarille et lui redemander son bien en justice; elle voulait écrire à Paris ou partir elle-même pour s'assurer de l'état des choses. Mais toutes ces fureurs aboutissaient à reconnaître qu'elle était enchaînée et qu'elle n'avait d'autre espoir qu'en son prochain mariage.

Un de ses plus grands tourments était qu'elle se voyait déchue dans l'opinion publique de toute la hauteur où elle s'était pavanée un moment; et, pour dernière misère, la vanité l'empêchait de confier ses douleurs à des gens qu'elle avait d'abord humiliés de ses prospérités. Mais les voisins, qui devinaient le train des choses, triomphaient à leur tour.

On épiait depuis quelque temps une intrigue dont on ne tarda pas à faire grand bruit : il fut avéré que le cousin de Paris entretenait une correspondance fort suivie avec cette même ouvrière des dames Percinet qui avait d'abord alarmé Ninette. Il prenait d'ailleurs si peu de précautions, qu'on avait trouvé une de ses lettres toute cachetée dans un corridor ; de plus, on les avait vus, la jeune fille et lui, sous les arbres de la promenade, à des heures suspectes. Le tout fut soigneusement rapporté à Ninette, qui, furieuse, attendit l'infidèle pour le confondre.

Il demeura deux jours sans paraître, ce qui était un scandale sans pareil. Il envoya seulement à Ninette un chapeau à plumes, en lui écrivant qu'il la voulait voir à l'avenir mieux parée.

Ninette sut qu'il avait passé la plupart de ce temps en débauche. Durant ces deux jours et ces deux nuits, sa colère s'accumula, prête à éclater d'une manière terrible. Elle le vit entrer le troisième jour, pâle, hâve, abattu, avec de grands airs d'affliction. Il s'assit et se mit à pleurer. Elle fut si surprise qu'elle lui demanda ce qu'il avait. Il ne répondit rien et pleura de plus belle. Ninette frissonna par pressentiment ; elle le pressa de nouveau, mais il ne pouvait parler, les sanglots l'étouffaient. Enfin il avoua à mots entrecoupés qu'il venait de perdre sa place.

— Quoi ! que dis-tu ? s'écria Ninette.

— Oui, reprit-il tranquillement, on a trouvé que je ne m'en acquittais point avec assez de zèle et l'on m'a chassé.

— Malheureux ! dit Ninette égarée en levant les mains, et mon argent?

— Hélas ! continua Nazarille, c'est le malheureux amour que j'ai conçu pour vous qui m'a perdu ; auriez-vous bien le cœur de m'en faire des reproches, chère Ninette? est-ce à vous de m'accuser? Pour qui ai-je perdu mon temps? Pour qui ai-je épuisé mes épargnes?

— Mais l'argent, l'argent que tu m'as pris? répétait Ninette sans rien entendre.

— Il est vrai qu'il est un peu hasardé, et qu'on ferait bien de n'y plus compter.

Ninette le regardait avec des yeux enflammés, il continua du même ton dolent :

— Mais tout cela me touche peu, après tout. Qu'est-ce que je demande ! qu'est-ce que je veux? Vous seule, cousine, dans une mansarde, dans une chaumière, que m'importe? La fortune n'est rien pour moi, vous me tiendrez lieu de tout.

Il se jeta à ses pieds, et se remit à pleurer comme s'il n'eût fait que commencer.

— Je pen... pen... pense, disait-il en bégayant avec de gros sanglots, que ces malheurs ne sont pas faits... pour rien changer à vos sentiments... Vous avez l'âme trop bien placée... vous êtes trop bonne pou... pour...

pour ne point m'épouser tout de même... tou... tou...
tout de même...

Ninette gardait un silence farouche et se laissait
embrasser sans faire un mouvement? enfin elle fit un
signe terrible à Nazarille, qui sortit en trotillant d'un
air soumis.

Elle réfléchit durant toute la nuit sur ce qu'elle avait
à faire. Combien tout était changé! il n'y avait plus
moyen de garder aucune illusion sur le cousin. Cependant il était jeune et actif; il ne s'agissait guère que de
folies de jeunesse qu'il pouvait réparer, et puis elle avait
beau faire, elle retrouvait encore dans son cœur des
traces de ces premières séductions qui l'avaient entraî-
née. Avec quels soupirs elle comparait, comme en se
souvenant d'un rêve, le cousin tel qu'il avait paru d'a-
bord à l'homme qu'elle voyait aujourd'hui! Quoi qu'il
en fût, elle finissait toujours par se convaincre que le
mieux était de l'épouser. Le mariage d'ailleurs était
très-avancé, toute la ville l'attendait.

Mais le lendemain, le gros de la tempête éclata sur la
tête de Ninette; elle reçut les mémoires des maçons,
des peintres, des menuisiers, qu'elle croyait acquittés;
et, par un hasard étrange, ces notes à payer tombèrent
à la fois comme la grêle. Le vase d'indignation était

plein, et chacun de ces papiers semblait être la goutte qui l'allait faire déborder. Avec ces fins de compte, Ninette apprit que Nazarille était couvert de dettes ; elle roulait dans l'abîme de branche en branche. On vint lui réclamer jusqu'au payement des musiciens qui lui avaient donné la sérénade.

Cependant que faisait le cousin dans cette journée fatale où Ninette était accablée de ces découvertes! Le cousin donnait à dîner à ses amis. Ces prétendus amis étaient une troupe d'assez mauvais sujets dont il avait fait la connaissance au café. Ce souper indignait si fort tout le monde, qu'on était venu l'annoncer aussitôt à Ninette. On y avait déployé un luxe révoltant.

On sut que Nazarille avait porté une santé à la prochaine ruine de sa cousine, et que là-dessus on avait poussé de grands éclats de rire. Ensuite ces messieurs coururent la ville aux flambeaux, décrochant les enseignes, frappant aux portes, chantant à gorge déployée, et mettant la police sur pied. On venait d'heure en heure instruire Ninette de ces excès ; la pauvre fille était dans un état qui faisait pitié.

Nazarille parut devant la porte avec sa bande à onze heures et demie du soir. Elle avait bonne envie de ne pas lui ouvrir ; mais, pour l'arracher aux dangers qui pouvaient suivre, elle descendit sans lumière. Ces messieurs se souhaitèrent le bonsoir d'un ton ironique. Nazarille entra en chancelant et s'appuyant aux murs. Elle ferma doucement la porte, et lui donna une grande bourrade dans l'obscurité pour le pousser en avant.

— Holà ! dit-il, on m'a poussé... Par la mort, on m'a poussé...

Ninette commença d'avoir peur. Quand ils furent en haut, et qu'on vit clair, Nazarille se laissa tomber lourdement sur ses épaules comme pour l'embrasser ; elle se dégagea avec emportement.

— Retirez-vous, misérable, montez dans votre chambre.

— Ma cousine... remarquez... que.

— Ne m'approchez pas, vous dis-je, vous me faites horreur.

— Je vous fais horreur, cousine !... Mais je ne suis pas dans l'état que vous pensez... Je viens seulement de remplir un devoir bien doux en formant quelques vœux pour une santé... qui m'est si chère.

— Oui, je sais tout, vous m'avez livrée à la risée de ces mauvais sujets qui étaient avec vous.

— O ciel ! s'écria Nazarille en pleurs, la calomnie ne m'a pas épargné ! Ninette, avez-vous pu me méconnaître... après tant de témoignages d'une affection sans pareille! Ah! ce coup m'atteint au cœur, soutenez-moi...

— Ne m'approche pas! s'écria Ninette en le repoussant de toutes ses forces doublées par la fureur.

— Voilà qui est malhonnête, reprit froidement Nazarille; allez, vous n'êtes qu'une ingrate.

Ninette tressaillit. Il se donna de grands coups de poing dans l'estomac.

— Vous êtes un malotru, monsieur le prétendu; voilà qui vous apprendra à vous mésallier.

Il parut s'échauffer par degrés.

— Savez-vous bien, s'écria-t-il en roulant les yeux, que je ne suis pas fait à ces affronts-là?

Il prit une chaise et la fit tourner au-dessus de sa tête.

— Je ne sais qui me tient de tout casser ici.

Ninette se recula vers la porte en joignant les mains.

— Mais, reprit-il avec plus de calme, désabusez-vous; je n'en voulais point à vos beaux yeux. Le malheur des temps... les dettes... voilà mon excuse. J'allais faire une sottise, je me ravise... Cela vous affligera, je le conçois; mais quittons-nous bons amis.

Il s'approcha de nouveau. Ninette était si épouvantée, qu'elle ne bougea point.

— Là, faisons la paix.

Elle se laissa embrasser : et, comme il faisait mine de s'en aller, elle le poussa doucement vers l'escalier. Il monta dans sa chambre en trébuchant. Elle ferma sa porte à deux verrous.

Le lendemain, dès le point du jour, elle courut, dans son égarement, tout raconter au commissaire de police : le temps des ménagements et de la dissimulation était passé. Le commissaire écouta curieusement le récit pour conclure enfin qu'il ne savait que faire à cela.

Ninette vit sans aucun résultat ses secrètes douleurs sur le point de se répandre dans toute la ville ; elle courut ensuite chez Brigalier. Les boutiques commençaient à s'ouvrir ; elle rencontra des gens qui, soit par malice, soit de bonne foi, la complimentaient sur son mariage, qui était tout proche. On ne manqua pas non plus de lui faire grand bruit du souper de la veille, qui avait révolté toute la ville par les désordres qui l'avaient suivi. Ninette écoutait à peine les uns et les autres sans s'arrêter, les yeux rouges, le cœur gonflé et comme folle. Brigalier la suivit chez elle. Cette démar-che donna beaucoup à penser.

Nazarille, que Ninette espionnait, se leva fort tard et s'en alla déjeuner dehors, comme s'il avait honte des scènes de la veille. Il rentra bientôt après. Ninette l'attendait, assistée de Brigalier ; elle revoyait ses comptes, écoutait les explications de l'homme d'affaires, et acquérait la triste certitude de sa situation déplorable, ce qui acheva de la mettre hors d'elle-même.

Nazarille parut d'un air doucereux et voulut faire des excuses sur ce qui s'était passé. Ninette s'élança de sa chaise et lui saisit le bras :

— Arrête ! tout est fini, tout est rompu entre nous ; tu es un voleur ; tu vas quitter la maison... A l'instant... je ne veux pas te voir plus longtemps.

— Cousine ! quoi ! qu'est-ce qui vous prend ?

— Je n'écoute rien, sors ; nous nous expliquerons devant les tribunaux...

— Mais, mais, balbutia Nazarille consterné, vous ne pensez point ce que vous dites... Prenez garde... souvent dans la vivacité...

— Le scélérat ! il se moque de moi, Dieu me pardonne !... Va, tu es démasqué... Au nom du ciel, va-t'en !

— Il n'est pas possible, après vos promesses... des engagements si doux... Vous ne m'aimez donc plus... plus du tout ?

Ninette demeura muette par excès de colère.

— Mais , malheureux ! je te voudrais dans les entrailles de la terre.

— Oh ! oh ! dit Nazarille piteusement, est-il bien
possible... pour une petite étourderie... vous perdre à
jamais... moi qui vous aime tant... Voyez donc, monsieur Brigalier , je vous fais juge. J'aurai dit quelques
mots dans la gaieté... vous savez ce que c'est ?

Il se laissa tomber sur les genoux en sanglotant.

— Non, Ninette, je ne pourrai jamais me résoudre à
vous quitter... Je le sens là... c'est un coup trop
rude... j'en mourrai très-assurément.

Il tenait les bras à Ninette, qui semblait se retenir à
peine des plus grandes violences. Il reprit en pleurant
à chaudes larmes :

— Ninette, pardonnez-moi, tout peut s'arranger...
Pensez à notre petit ménage ; nous serions si heureux... Ayez égard à de petits innocents qui ne deman-
dent qu'à naître...

Brigalier tira son mouchoir et s'essuya les yeux.

— Ninette, reprit Nazarille, par grâce... laissez-vous
aller à votre bon naturel ; vous m'aimez, dans le
fond... Un petit mot d'amitié va tout raccommoder... je
vous connais...

Il lui tendit les bras ; mais Ninette , exaspérée, fit

éclater un tel transport, que Brigalier se jeta entre les
deux ; il repoussa doucement Nazarille et emmena
Ninette vers sa chaise, où elle tomba toute pantelante.
Nazarille reprit tranquillement :

— Oh bien ! cousine, puisque vous avez résolu une
action si noire, vous n'ignorez pas que vous menacez
mon existence en plusieurs manières, mais notamment
par un dommage pécuniaire. J'aime à croire qu'il vous
reste quelque lueur de raison ; vous comprendrez que
je ne saurais perdre mon temps, ma place et mes économies sans une légère indemnité. Du reste, monsieur,
dit-il à Brigalier, donnez-vous la peine de repasser
l'acte ; il y a vers la fin un petit dédit de quatre mille
livres que j'ai heureusement glissé... à tout hasard.

Ninette fit un bond.

— Le brigand ! que dit-il ? Tu m'as dévorée jusqu'à
a moelle des os, et tu voudrais... Mais tu m'arracherais
plutôt les yeux ; je me moque de tes papiers. D'ailleurs, il n'y a rien de tout cela, c'est impossible !
s'écria-t-elle avec la dernière violence.

— Excusez-moi, dit froidement Brigalier en regardant les papiers, il y a matière à procès.

— Eh bien ! reprit Nazarille, vous voyez l'extrémité
où vous me réduisez ? Nous serions en procès ! des

parents! cela ne convient pas. Tandis qu'il vous est aisé de tout finir si doucement... Marions-nous.

— Brigalier ! Brigalier ! s'écria Ninette, je donne les quatre mille francs, je donne ce qu'on voudra, mais qu'on me délivre de ce monstre ; que je ne le voie plus, ou je vais chercher la police.

Elle s'arrêta, perdant haleine, et reprit d'une voix éteinte par la fureur :

— N'as-tu pas honte ? Tu m'as réduite à la mendicité. Il ne me reste rien, Brigalier, plus rien ; il m'a tout volé.

— Excusez-moi, dit Brigalier, c'est-à-dire que vos revenus sont réduits par le fait ; mais ils se montent, tout compté, de quatre cent quatre-vingts à cinq cents livres.

— Eh bien ! cousine, eh bien ! dit Nazarille, vous ne dépensiez pas davantage, vous me l'avez dit vous-même : vous voilà comme devant ; vous mènerez le même petit train comme si de rien n'était. D'ailleurs tout votre bien me revenait de droit, vous le savez bien ; soyez sincère ; c'est donc encore quatre-vingts francs de revenu que vous me devez ; mais je compte que vous me les laisserez par testament, votre conscience vous dictera vos devoirs à vos derniers moments, qui ne sont pas sans doute fort éloignés. Il faut y songer, à votre âge.

— Il est vrai, ajouta Brigalier, qui paraissait occupé d'une même idée, qu'il faut encore déduire là-dessus les honoraires qu'on a bien voulu m'accorder, et qui se montent bien à trois mille deux cent vingt-huit livres et quarante-neuf sous de papier marqué.

Ninette, qui s'était approchée de lui, s'en écarta d'un saut, comme quelqu'un qui marche sur une vipère.

— Ceci, dit Nazarille, ne me regarde plus ; je vous laisse, chère cousine, débattre vos affaires avec monsieur. Je vous conseille de vous hâter... avant qu'on ne le pende.

Ninette accablée tomba dans les bras de Brigalier, en proie à une attaque de nerfs. Nazarille s'esquiva doucement. Brigalier coucha Ninette sur deux chaises, appela les voisines de tous côtés et la laissa entre leurs mains.

Le soir même, Nazarille prit la poste.

Tout fut public dans cette affaire et l'on imagine le bruit qu'elle fit dans la ville, et si le voisinage de Ninette se fit faute d'applaudir aux représailles du cousin.

La Garnache demeura vingt-quatre heures sans paraître. On craignait qu'elle tombât gravement malade, tant le coup paraissait rude; mais le soir du troisième jour, elle sortit à la nuit tombante, bien enveloppée de son mantelet, et s'en alla chez Brigalier.

L'homme d'affaires soupait; elle s'assit le visage caché dans son mouchoir, sans faire entendre, durant quelques minutes, que des sanglots et des gémissements étouffés.

— Ah! Brigadier... mon pauvre Brigalier... mon vieil ami!

Brigalier lui prit les mains d'un air contrit.

— Ah! Brigalier... c'est dans le malheur qu'on reconnaît ses vrais amis... Je vois maintenant combien vous m'étiez attaché... J'ai eu bien des torts, et vous avez eu la délicatesse de ne point me le reprocher. Je vous retrouve à présent; c'est une grande consolation; je n'ai plus que vous dans le monde...

— Et je ne vous manquerai pas, dit Brigalier tout en pleurs et la bouche pleine.

— Je connais les hommes, reprit Ninette, et vous apprécie d'autant plus... je sais que vous êtes un honnête homme... Quand vous voudrez, Brigalier, vous trouverez en moi une femme dévouée, reconnaissante, comme il vous la faut.

— J'en suis bien persuadé, reprit Brigalier en pelant

une poire... je l'aurais bien voulu... mais je ne suis plus en mesure... vous étiez lancée dans la dépense... j'ai mon petit train à moi...

— Bon Dieu, interrompit Ninette, vous savez comment je vivais...

Brigalier hocha la tête en avalant un quartier de sa poire.

— Ce n'est pas là une difficulté... mais il s'est bâclé une affaire... c'est votre faute, que diable!... Vous m'avez tant promené... et puis qui aurait pensé que ce finot de... votre cousin... j'étais en pourparler avec le meunier du Grand-Béal... et ma foi j'épouse sa fille ; on publie les premiers bans après-demain.

Ninette, qui avait renvoyé sa maladie pour faire cette démarche, se mit au lit en rentrant, pour avoir un prétexte de ne plus se montrer. On la crut si bien ruinée qu'on la plaignit presque ; elle n'était pourtant que réduite aux petites rentes dont avait parlé Brigalier ; mais cette somme, comme l'avait remarqué Nazarille, lui suffisait, et la Garnache pouvait vivre de la même manière que par le passé.

L'oncle Simon, quand il connut les derniers détails de l'événement, se mit à dire en parlant de Nazarille :

— Ce garçon-là était plus sensé que je n'aurais cru d'abord.

THÉRÈSE

THÉRÈSE

On parlait un soir, chez mon vieil ami B***, de la difficulté de trouver des intrigues nouvelles au milieu de tant de productions romanesques dont fourmille la littérature de chaque nation. Quelle trame, quelle combinaison, quel ressort dramatique qui n'ait été non-seulement découvert, mais reproduit des milliers de fois depuis bien des siècles. On a varié les détails, mais le fond ne peut que rester le même ; après tout, la nature n'offre point à l'art des ressources inépuisables. Les passions de l'homme, les liens de famille, les diverses conditions dans la société peuvent se compter, toute l'imagination du poëte n'en pourra tirer qu'un certain nombre d'effets.

— Heureusement, dit M. B***, que ce fond bien connu

suffit à l'habile artiste. Par cela même que les passions sont éternelles, leur fidèle peinture intéresse éternellement. Un cri sorti du cœur a toujours ses droits sur le mien. L'histoire de l'enfant prodigue, sous d'autres habits, me fera pleurer après deux mille ans ; mais, avant tout, pleurez vous-même, comme a dit Horace en latin. Je ne vois donc pas qu'il faille se désespérer L'art est épuisé, dit-on ? Il l'était sans doute avant le déluge, et qui sait depuis combien de fois ?

La conversation tomba naturellement sur la difficulté de rajeunir les sujets, à quoi M. B*** répondit encore qu'il ne fallait que du talent, c'est-à-dire reprendre au vif la nature affadie et défigurée par la médiocrité vulgaire.

— Par exemple, dit-il, quoi de plus commun et de plus plat qu'un sujet qui a fourni durant cinquante ans des milliers de romans et d'opéras comiques, de pastorales et de ballets ! Quels personnages plus traînés dans nos répertoires que ce vieux seigneur de village brusque et bienfaisant, que ce méchant bailli à grande perruque, hypocrite, fripon, bas avec son maître, impitoyable avec les paysans. Ajoutez le fils du seigneur, étourdi, débauché, dont le bailli sert les désordres à l'insu du père, et un vieux paysan pieux et honnête, dont on veut corrompre la fille, modèle d'innocence et de beauté. Ne voilà-t-il pas une intrigue villageoise stéréotypée pour ainsi dire sur nos planches de théâtre et dans nos vieux livres, comme les personnages inamovibles de l'ancienne comédie italienne : Cassandre, Pierrot et Arlequin ? Eh bien, je connais sur ces données une histoire très-véritable, dont le souvenir me tire des larmes, et je suis sûr qu'un habile homme qui en eût été frappé comme moi, aurait trouvé moyen de communiquer son attendrissement.

On peut bien penser que chacun de nous se récria pour que M. B*** nous racontât son histoire.

— Pas si sot ! reprit-il en riant, je prouverais trop mal ce que j'avançais.

Mais on le pressa tant qu'il s'exécuta de bonne grâce, ne fût-ce que pour abréger le débat, au risque, ajoutait-il, de nous faire le plus plat conte du monde.

— Je ne vous dirai point le lieu de la scène, car j'ai tout lieu de croire que la famille dont il s'agit n'est pas éteinte. Quelqu'un de vous connaît-il une personne du nom de Barbezieux ?..... Non..... A merveille. Eh bien, M. de Barbezieux était, avant la révolution, un vieux gentilhomme qui s'était retiré dans ses terres après de longs services dans la marine. Il n'avait qu'un

fils qu'on expédia de bonne heure à Paris pour y terminer son éducation et suivre l'une des carrières ouvertes à la jeune noblesse. Il débuta dans le monde
sous le nom de Victor de Barbezieux, et promettait, il
faut le dire, de soutenir dignement l'honneur de sa
maison. Son père, dont il était l'unique espoir, n'a-
vait rien négligé pour faire de lui un beau gentilhomme.

Le vieux M. de Barbezieux avait conservé de ses
habitudes d'homme de mer un ton brusque et sévère.
Au fond, c'était le meilleur homme du monde, intrai-
table seulement sur le chapitre de sa noblesse, plein
d'honneur et n'ayant jamais caché à son fils qu'il ai-
merait mieux lui casser la tête que de lui voir commettre une action indigne de lui. Il faut dire qu'il se
dédommagea de ses fatigues, dans sa retraite, par une
entière oisiveté. Hors de chez lui depuis longtemps, il
n'était plus capable de gouverner ses terres; il ne
faisait que chasser. Par la même raison, sa femme,
madame de Barbezieux, qui n'avait jamais quitté son
château, s'était rendue fort habile dans l'administration
de ses biens, et cela fut heureux pour le vieux gentilhomme, qui s'en reposait sur elle. Mais madame de
Barbezieux mourut, et voilà ce qui rendit toute son

importance à M. le bailli, tigre domestique, peu aimé dans le pays, mais peu connu jusqu'alors, et à qui madame de Barbezieux avait pris soin de rogner les griffes.

Cet homme usurpa bientôt tout l'ascendant que lui pouvait donner son activité, sur l'insouciance, la paresse et la haine des affaires d'un maître pareil au sien. Le bailli fut le maître, gouverna la maison, traita avec les fermiers, et l'on vit en peu de temps que les plaintes non-seulement devenaient inutiles, mais achèveraient l'entière ruine des plaignants. Tout le pays trembla.

Ce bailli, je le vois encore, était un homme doux, mielleux, d'un visage plein et fleuri, prêchant la paix, le bonheur des hommes, le progrès des lumières, farci de philosophie et corrompu jusqu'à la moelle des os. On fut longtemps à le connaître. Il parlait et agissait si posément qu'il était difficile de n'être point dupe. C'était un homme à répliquer avec douceur à un malheureux fermier qui lui exposait ses pertes : — Mon ami, je ferai saisir, — et qui faisait saisir, en effet. S'il eût dit : Je vous ferai pendre, on eût été pendu.

Cette tyrannie était d'autant plus dangereuse qu'elle

terrifiait les malheureux, étouffait leurs cris, et trompait le maître sur la tranquillité de ses relations avec ses paysans. — Ce bailli est un homme introuvable, disait M. de Barbezieux. Jamais nos affaires n'ont mieux marché. — Et son opinion là-dessus était s connue, que personne n'eût entrepris de la lui ôter. — C'est un si brave homme que ce bailli ! disait-il dans ses chasses aux paysans troublés.

Or, parmi les honnêtes gens du village, il y avait surtout un fermier de monseigneur qui exerçait sur le bailli lui-même l'influence d'une antique et solide vertu. Cet homme, qu'on appelait Étienne, était ce qu'on peut appeler, même pour ceux qui ont connu les anciennes mœurs des campagnes, la crème des braves gens. Les Étienne étaient de père en fils fermiers du château, et les services accumulés de cette race semblaient reluire en celui-ci. Il savait tout juste assez lire pour suivre les offices du dimanche ; mais tout ce que la piété la plus ferme, le sens le plus droit peuvent donner de notions justes et de sentiments élevés, était dans ce cœur et dans cet esprit. Demeuré veuf d'assez bonne heure avec une fille unique, il l'éleva d'une manière digne de lui, et Thérèse fut parmi les jeunes filles ce qu'il était parmi les hommes.

Étienne, au nouveau train des choses, se mit en mesure d'être plus que jamais sans reproche dans ses affaires de fermage, moyennant quoi il marchait tête levée. Mais il ne tarda point à se compromettre en prenant ouvertement la défense de ses malheureux voisins, successivement opprimés. Le bailli reconnut que cet adversaire méritait considération, et se donna la peine de réfléchir aux moyens de le perdre sans ressource. Sa haine et sa rage avaient redoublé en raison de l'obstacle.

En huit jours tous les bestiaux d'Étienne moururent d'une soi-disant épidémie ; mais un vieux berger fort habile laissa échapper qu'on les avait empoisonnés. Cela ne put être prouvé, par la raison qu'on n'osa point seulement le soutenir.

Le dimanche suivant, au sortir de la messe, le tambourineur battit un ban et lut un papier annonçant comme quoi tels et tels des plus aisés du pays se cotisaient pour avancer audit Étienne, soit en argent, soit en nature, le bétail qui lui serait nécessaire pour continuer ses travaux.

Thérèse, qui se trouvait là en habits de fête et qui s'était approchée avec d'autres filles sans savoir de quoi il était question, se mit à pleurer à la publication

17

de cette œuvre généreuse ; tous les signataires de la
cotisation se jetèrent alors dans les bras d'Étienne, qui
pleurait aussi à ce témoignage de l'estime et du dévoue-
ment des gens de son pays. Ce fut une scène admirable,
dont la nouvelle parvint le soir à M. de Barbezieux lui-
même, qui, rencontrant Étienne le même jour, le félicita
et lui dit : Je suis charmé de ce qu'on a fait pour toi,
puisque c'est un bel éloge pour les uns et pour les
autres, mais le bailli t'aurait tenu compte de ta perte ;
il n'est pas bien grec, tu sais bien.

Les choses en étaient là, quand M. le chevalier
Victor de Barbezieux arriva un beau jour au château.
Il venait adoucir par sa présence la perte de sa mère,
ayant prudemment laissé passer le temps du deuil, afin
de s'épargner le premier poids de l'affliction. Il avait
tendrement aimé sa mère, mais l'éloignement, la dissi-
pation lui allégeaient cette mort ; il ne voulait point
s'en troubler outre mesure par la vue du château en
deuil, d'un pays désert, enfin d'un père affligé. Le
séjour de Paris, les plaisirs et les compagnies du temps
avaient changé ce jeune homme. Il avait donné dans
la philosophie à la mode, en tant qu'elle s'accordait
avec ses inclinations au désordre ; il affectait les manières ridicules des petits-maîtres, il ne marchait qu'en

se dandinant et ne parlait qu'avec des bégaiements affectés qui prêtaient à rire ; en outre, infatué de *l'anglomanie*, qui était la mode régnante, il s'habillait comme le *beau Léandre* dans les parades de boule-varts.

M. de Barbezieux haussa les épaules à la vue de ce personnage qu'on lui rendait pour son fils, et dès les premiers jours ils eurent un débat très-vif sur les préjugés de naissance, pures chimères, disait le cheva-lier, en ajoutant qu'il en était de même des antiques superstitions ; que la philosophie avait changé tout cela, et que tous les hommes étaient égaux ; à quoi le père lui répliqua qu'il prouvait bien le contraire, et qu'il était heureux qu'il en fût ainsi. Bref, il se moqua de lui, lui tourna le dos et se mit en mesure de le retenir au château, comptant bien lui redresser le jugement.

Cependant les paysans, poussés par le bailli, qui fit à cette occasion le bon serviteur, se mirent en devoir de célébrer par des réjouissances l'arrivée de M. le chevalier. On dressa des tables dans l'avenue du châ-teau, on y forma des danses auxquelles M. le chevalier voulut bien assister. Le bailli, qui avait pénétré d'un coup d'œil à quel homme il avait affaire, qui voyait dans le chevalier un futur maître, et pour le présent un appui probable, une espèce d'associé, ne le quittait point d'un pas, s'étudiant à lui plaire et ne négligeant rien pour précipiter la parfaite alliance. Or, ce soir même, l'attitude du chevalier lui ouvrit une voie qu'il cherchait, mais il n'en fit pas semblant; le chevalier lui-même le prit par le bras un moment après.

— Dites-moi donc, mon ami, qu'est-ce que cette belle enfant qu'on voit là bas?...

Le bailli sourit d'un air goguenard.

— M. le chevalier veut parler de la fille de son fermier Étienne...

— Elle est remplie de modestie, la fille de mon fermier Etienne...

Le bailli fit entendre un ricannement, et ils continuèrent de s'entretenir en se promenant sous les arbres.

La fête finit, et chacun rentra dans son logis aux sons mourants des hautbois.

Ce qui redoubla les alarmes du lieu et donna bientôt mauvaise opinion du jeune seigneur, ce fut cette parfaite intelligence qu'il fit paraître avec le bailli. Ils ne se quittaient plus. L'on jugea qu'ils étaient faits l'un pour l'autre. Étienne, plus sensé et plein d'indulgence, devina mieux les causes de cette liaison.

Un jour qu'il en causait sur le seuil d'un voisin en revenant des champs :

— A cet âge-là on est dupe de qui nous flatte. Il faut bien jouer quelques tours au vieux père. Mais la souche est bonne, le jeune homme mûrira, et ceux qui le servent aujourd'hui seront reconnus pour ce qu'ils valent.

En approchant de chez lui comme le jour tombait, Étienne aperçut le bailli sortant de sa maison, dont la porte se fermait brusquement. Le bailli ne le vit point et disparut derrière la haie d'un sentier.

— Que veut-il? dit Étienne en entrant.

Thérèse, tremblante, s'excusa sur ce que la seule vue de cet homme la mettait en colère. S'étant remise, elle rapporta comme elle put je ne sais quelles menaces qu'il était venu lui adresser.

— Allons! mon enfant, du courage! il y a un Dieu là haut pour les braves gens qui ne l'oublient point. Le bailli compte sans l'hôte, c'est le cas de le dire. Essuie tes yeux, et soupons tranquillement.

Thérèse passait pour la fille la plus vertueuse du pays. A dater du jour dont nous parlons, on la vit redoubler de piété : soir et matin on la trouvait dans l'église; elle visitait le curé jusqu'à importuner sa vieille gouvernante, et sans affecter de précautions. Mais, chose étrange! ce changement de conduite ne produisit point le bon effet qu'on aurait pu croire; il coïncida justement avec les premières atteintes qu'eut à souffrir la réputation sans tache de la jeune fille. On ne voulut voir dans ses visites fréquentes à la cure que les scrupules d'un esprit troublé. Dieu sait aussi ce que l'on pensa de son assiduité à l'Église. Les bonnes femmes hochaient la tête en la voyant passer :

— On ne sait plus à qui se fier, criait un jour à sa voisine, la Simonne, alliée des Étienne.

— On ne sait jamais non plus, dit l'autre, à qui se fier en fait de rapport! Le monde est bien méchant pour les pauvres filles.

— Ah! que je voudrais que Thérèse fût sans reproche! Je ne dis que ce qu'on dit; d'après ça, si les Beurré ont vu quelqu'un rôder à l'entour de chez Étienne, et toujours le même, il est bien étonnant qu'une fille d'honneur ne dise pas la chose à son père.

— Mon Dieu! faut tout savoir. Son père, il est bien assez tourmenté, ce pauvre cher homme, qu'il se dévore de chagrin à lui tout seul ; le dit-il aussi à sa fille, ce qu'il a sur l'estomac.

Il n'était que trop vrai ; le brave Étienne, soumis à des vexations successives, voyant sa ruine imminente, ses charges doublées, l'impossibilité de les soutenir par son travail, était tombé dans une affliction profonde, qu'il cachait surtout à sa fille. Comment lui dire, après avoir élevé cette chère enfant dans l'aisance, qu'elle touchait à la dernière détresse ; que sa dot, amassée avec peine, était dissipée, qu'il fallait renoncer à s'établir ? Comment lui laisser voir qu'elle en serait bientôt réduite à travailler en journée, à ramasser de l'herbe ou à mendier le long des chemins. Thérèse était pourtant la seule à ignorer ces extrémités.

Quand, le soir, Étienne venant des champs, le front penché, le regard sombre, traversait le village, plié sous un faix, ne fuyant personne et la conscience nette, Dieu merci ! ses parents, ses amis, l'arrêtaient au passage, s'informant de sa situation, l'invitant à boire et ne sachant, dans leur bonhomie grossière, quelles consolations lui offrir.

— Que voulez-vous, disait Étienne posant son fardeau et relevant la tête, c'est un moment d'épreuve ; mais, comme on dit, le diable n'est pas toujours à la perte d'un pauvre homme ; il est bien fin, mais il y a plus fin que lui. J'ai bonne confiance. Ce qui me fait

le plus de peine, c'est que ma pauvre fille a plus de
peine encore que moi. Elle change, elle est triste que
ça me fend le cœur, et pourtant elle ne sait rien, pour
ça non, elle ne sait rien. Je compte assez sur les bonnes
gens pour être sûr qu'on ne lui a rien bavardé sur des
affaires malheureuses. Qu'est-ce qu'elle a donc? je
n'en sais rien. Si je la voyais rire, au moins, c'en serait
pour nous deux; mais je n'en peux rien tirer, et je ne
sais toujours pas ce qu'elle peut penser pour se détruire
comme ça.

— Je vas te le dire, moi, ce qu'elle a... dit tout à
coup Simon.

— Veux-tu te taire! s'écria la Simonne. Ah ben! de
quoi te mêles-tu?

— Si tu le sais, Simon...

— Rien, rien, répliqua la femme en poussant l'homme
chez lui par les épaules, tu me ferais bien plaisir de
t'aller coucher si tu as bu; laisse les femmes jaser
Voilà qui serait beau. Réponds à qui te parle, Jean-
Quenouille, taille-bavette, pie-borgne!...

L'on entendit confusément du dehors la suite de cette
brillante nomenclature de la Simonne, qui ne s'arrêtait pas en si beau chemin.

Étienne, troublé, promena ses yeux autour de lui

comme pour demander à chacun ce qu'on avait à lui apprendre.

— Vous savez comme il est, dit un voisin, il fourre son nez partout pour ensuite accoucher d'une bêtise. Est-ce qu'il peut savoir ce que pense une jeune fille ?

Là-dessus chacun s'en allant souper, on se serra la main ; Étienne rechargea son faix et continua son chemin ; mais cette parole échappée à Simon avait porté coup. Le père de Thérèse avait cru voir un air de gêne et d'intelligence sur tous les visages, en dépit de ce qu'on avait fait pour écarter ses soupçons. Que pouvait-on savoir sur Thérèse qu'il ne sût pas lui-même ? il se perdit en des suppositions qui lui firent monter la sueur au visage, et qu'il repoussa bientôt en maudissant l'entretien qui lui faisait outrager l'éclatante vertu de son enfant. Ne connaissait-il pas Simon pour un bavard, pour un donneur d'avis indiscrets ? Ne voulait-il point d'ailleurs attribuer le chagrin de Thérèse à quelque raison frivole et ridicule ?

Ces cruelles imaginations menèrent Étienne jusqu'à la porte. Ordinairement, il refoulait son chagrin avant d'entrer, et faisait provision de courage pour ne montrer à Thérèse qu'un visage gai. Cette fois la contenance du père et de la fille parurent d'une triste conformité. Étienne se jeta d'abord sur un escabeau dans un silence farouche ; mais ne pouvant se tenir plus longtemps dans cette réserve cruelle, il se leva brusquement, et fixant sur Thérèse un regard où la sévérité le cédait encore à la tendresse.

— Eh ! bien, mon enfant, qu'est-ce qui t'afflige ?

— Rien, mon père... je ne sais pourquoi...

— Tes yeux sont encore mouillés... Thérèse, parle-moi franchement. Tu sais que ton père est bon. Ton chagrin est le plus grand des miens. Je veux que tu m'ouvres ton cœur.

— Que vous dirais-je ?... je suis triste... c'est vrai... quelquefois... dire pourquoi...

Thérèse se mit à fondre en larmes. Étienne, le cœur navré, s'écria d'une voix tremblante ?

— Tu n'as rien à te reprocher ?

Les larmes séchèrent tout à coup, pour ainsi dire, dans les yeux de Thérèse ; elle redressa la tête en écartant ses cheveux de la main, et regardant le vieil Étienne avec fierté :

— Dieu merci ! non, mon père !

Étienne lui ouvrit ses bras en pleurant à son tour.

— Bien, bien, mon enfant, je te crois. Tout va donc

bien. Pardonne-moi d'avoir pu te faire cette question. Il semblerait vraiment que je ne connais plus ma Thérèse.

Ils demeurèrent quelque temps embrassés et bien soulagés tous deux par ce moment d'épanchement.

— Allons, s'écria brusquement Étienne, chassons tout cela : de quoi nous va-t-on tourmenter? Nous vivons, nous nous portons bien. Le temps est beau. Le bon Dieu veille à nos affaires, tout ira le mieux du monde.

Il essuya ses yeux et se mit à table d'un air satisfait, Thérèse ne pouvait comprendre alors tout ce qu'il y avait de tendresse et d'abnégation dans cet effort. Elle ne devinait que confusément les malheurs de sa maison, et ne s'attendait point à la dernière catastrophe qui s'approchait.

A deux jours de là, Étienne, au lieu d'aller au travail à l'heure accoutumée, sortit tard de son lit, se plaignit d'être malade, tourna, vira, dans une agitation qu'il avait peine à dissimuler. Il invita sa fille à se distraire, à s'en aller passer la journée chez leurs parents de la paroisse voisine ; elle finit par y consentir, puis tout à coup il sortit de la maison en courant comme un fou.

Thérèse ne se méprit guère sur cet état où pour la première fois elle voyait son père, et n'en fut que plus décidée à ne point sortir. Étienne était à peine dehors depuis une heure, qu'une femme entra, la tête couverte d'un capuchon et poussant des gémissements. C'était la Simonne qui se jeta d'abord au cou de Thérèse.

— Ah! ma pauvre fille, que je te plains! heureusement que tu as de bons parents qui ne t'abandonneront pas. Ton père est connu, grâce à Dieu; on l'aidera, on fera des sacrifices. Un si honnête homme! tout le pays est dans la peine.

— Quoi donc? disait Thérèse tremblante, à travers ce flux de lamentations.

— Tout est perdu. Tu ne le sais donc pas? Il faut bien te le dire. Du courage, mon enfant! Vous êtes ruinés, sans ressource, sans miséricorde, ton père avait des délais, il n'a pas pu payer..... et de si mauvaises terres, et son bail doublé, et ses amendes, et toutes sortes de friponneries que lui a faites ce.... Chut! j'ai toujours peur.... Il s'est endetté, il a vendu sa maison, il n'a plus rien, et l'on va venir tout saisir ici.....

Elle en aurait dit davantage; mais elle jeta les hauts

cris en voyant Thérèse reculer en chancelant et tomber raide au pied du lit. En même temps deux bras de fer soulevèrent la Simonne comme une plume et la jetèrent au delà de la porte.

— Misérable femme!... s'écria Étienne, qui demeura muet de fureur et de désespoir.

Il prit sa fille dans ses bras et l'appuya sur un banc. Un peu d'eau fraîche la fit revenir. Elle répara son désordre d'un air résolu et se leva :

— Soit, nous sommes ruinés, chassés, réduits à l'aumône......

— Hé non ! c'est une folle, qui ne sait ce qu'elle dit. Je t'expliquerai......

La voix d'Étienne faiblit, étouffée par les pleurs.

— C'est inutile...... dit Thérèse : du courage à votre tour, mon bon père.

Et se jetant à genoux avec une exaltation nouvelle :

— Mon père! je vous demande pardon; c'est moi qui suis la cause de tout ce qui arrive..... Oh! je vous prie, ne me regardez pas avec ces yeux terribles, ne redoublez pas l'horreur de ce que j'ai à vous dire. Ayez pitié de la honte qui m'a fait taire, laissez-moi parler jusqu'au bout..... Vous vous souvenez de l'assemblée qui eut lieu à l'arrivée de M. le chevalier.

Oui, ce soir-là je m'aperçus que M. le bailli rôdait autour de nous d'un air singulier. Cet homme m'a toujours fait peur. Comme on s'en allait, il se glissa derrière moi et me dit tout bas quelques mots qui m'effrayèrent. Je crus entendre qu'il viendrait le lendemain chez nous. Il vint, vous n'y étiez pas. Il me fit l'éloge de M. le chevalier, puis il ajouta..... mon père!.....

— Parle! s'écria Étienne.

— Il me parla de telle sorte que j'allai m'enfuir en criant chez la Berthe.....

La voix de Thérèse s'éteignit; son père, qui s'était rapproché, la tenait embrassée et l'encourageait, quoiqu'il eût la fureur peinte sur le visage.

— Il me dit que si je criais, si je courais, si je disais la moindre chose, il nous arriverait de grands malheurs; qu'il voulait me laisser réfléchir et qu'il reviendrait..... Depuis ce jour, ajouta Thérèse en se serrant contre son père et d'une voix qui fit passer le même frisson dans le corps du vieil Étienne, depuis ce jour, il revient!... A toute heure, en tout lieu, il me poursuit, il me guette comme le démon, tantôt seul, tantôt avec M. le chevalier, qui est obligé de l'apaiser; il me menace, il me fait des promesses, il se met en colère. Il m'a prédit tout le mal qu'il voulait vous faire, et qu'il le ferait aussitôt si je vous parlais... et qu'une fois endettés, chassés du pays, déshonorés, on ne nous voudrait point croire, et qu'il vous ferait mettre en prison... et voilà pourquoi je ne disais rien..... Avant-hier, le jour même où vous m'avez interrogée, il m'avait dit que c'était fait de nous ; mais je n'osais penser qu'il en vînt là..... J'aurais dû vous le dire..... je n'ai pas pu..... et vous aurez bien pitié de moi.....

Étienne serra sa fille contre sa poitrine, leva les yeux au ciel, les poings serrés, et ne laissant s'échapper que des menaces entrecoupées.

— Il m'a bien répété, le misérable, que c'était moi, moi, qui serais la cause de notre malheur ; il savait bien me tourmenter, allez. Et, le même jour, il m'a dit qu'il serait encore temps la veille de la saisie : que je tenais votre vie dans mes mains, que je n'avais qu'à réfléchir, et qu'il reviendrait.....

— Il doit revenir ! s'écria Étienne avec un transport sinistre.

— Ce soir..... Mais prenez garde..... je ne vous reconnais plus.....

— Sois tranquille, nous n'avons plus que Dieu pour nous, mais il veille.

M. B*** s'interrompit en souriant à cet endroit.

— L'innocence opprimée est bien usée dans nos plaisanteries françaises, mais c'est encore un spectacle assez beau pour qu'on s'arrête à le regarder. Cet exemple, qui m'est familier, m'a toujours fait faire là-dessus quelques réflexions. Assurément voilà un homme dans une des pires situations qu'on puisse imaginer. Le seigneur est sourd, le fils est un mauvais sujet, point de plaintes, point de tribunaux, nul recours. Sa vie et son honneur sont livrés au bailli, faut donc sacrifier l'un à l'autre et se laisser étouffer dans l'ombre par un scélérat. Qu'on n'en accuse point le régime du temps, cette providence des mélodrames est aussi usée maintenant que leur innocence persécutée. Je vous raconterais la même histoire avec un préfet, avec un cadi, sous tous les gouvernements et dans toutes les conditions. Vous pensez que j'en dirais de belles avec les représentants du peuple et les municipaux. Vous m'épargnerez de citer Caton, Socrate et tant d'autres.

Eh! mon Dieu, sans aller si loin, que n'ai-je à rappeler quelque employé à douze cents francs que la tyrannie d'un sous-chef a fait mourir de chagrin sous le plus libéral des gouvernements. En tous temps, en tous lieux, il pourra toujours arriver qu'un honnête homme, enlacé dans une intrigue, circonvenu par la calomnie, accablé par un travail inique, perde son repos, sa fortune, sa réputation, et demeure seul dans le monde avec la voix de sa conscience et le secours de Dieu. Or, savez-vous que c'est beaucoup, ce secours que l'on compte ordinairement pour si peu. Ne le cachons jamais aux malheureux, et je voulais vous faire remarquer à ce sujet qu'il leur fait moins souvent défaut que ne le pensent communément les partisans littéraires du dénouement malheureux. Il suffit de le chercher avec bonne foi dans les événements de la vie.

Voici toujours ce qu'il en fut pour Étienne, dont la confiance était ferme : il embrassa Thérèse, la réconforta de son mieux, lui dit d'avoir bon espoir et lui commanda de préparer à manger. Pendant qu'elle s'en occupait, il décrocha son fusil, le nettoya, le chargea de deux balles et le cacha derrière la porte.

Le repas étant prêt, Étienne se mit à table et mangea paisiblement. Après quoi, comme le jour baissait, il glissa son fusil dans les plis de sa cape et sortit, Thérèse, effrayée, sans oser le questionner, le suivit sur le seuil et reprit quelque assurance en voyant qu'il se dirigeait du côté opposé au château, le long d'un taillis qui était derrière la maison.

Une heure après, par une lune brillante qui éclairait tout le jardinet qui était devant l'habitation d'Étienne, deux hommes couverts de manteaux et qui semblaient fuir la clarté, se glissaient avec précaution le long des treillages. L'un des deux, plus hardi, s'approcha du seuil, et le martelet de la porte résonna trois petits coups. L'autre homme alors suivit son compagnon.

La porte s'entr'ouvrit, ces personnages n'eurent que le temps d'échanger quelques mots à voix basse, puis l'on entendit des cris affreux, et l'un des hommes sortit emportant une femme qui se débattait, tandis que l'autre cherchait à l'apaiser. Ils n'avaient pas fait six pas qu'une flamme sortit de l'ombre avec une détonation si proche qu'ils furent enveloppés de fumée; l'un des deux hommes tomba sur le visage : celui qui portait la femme, un moment ébloui, la laissa tomber et prit la fuite.

— C'est ma fille qui t'a sauvé, misérable! mais tu ne l'échapperas point! lui cria Étienne.

Puis il s'approcha de l'homme qui était tombé. C'était M. le chevalier, le fils du seigneur. En un clin d'œil, tout le monde fut sur le lieu de la scène, des domestiques accoururent, le bailli en tête, et l'on transporta le fils Barbezieux dans un carrosse arrêté près de là dans un tout autre dessein.

Le trouble était si grand et l'on s'empressait si bien autour du jeune seigneur, que Thérèse, qui se mourait, n'eut auprès d'elle que son père. Simon et d'autres parents vinrent ensuite presser Étienne de s'enfuir. Il ne le voulut point, et leur montrait sa fille sans parler. Un peu après il n'était plus temps : les gens du bailli, venus pour se saisir de sa personne l'arrachèrent d'auprès de sa fille avant qu'il eût eu la consolation de la voir reprendre ses sens. Heureusement des femmes émues de compassion, malgré le bailli, vinrent passer la nuit auprès d'elle. On jeta Étienne dans le plus noir cachot de la prison seigneuriale.

Le bailli voulant de la promptitude dans cette affaire, ne perdit point son temps : il arrangea une histoire. M. de Barbezieux joignit les mains au nom de l'assassin, il n'avait pu croire jusqu'alors à tout ce qu'on lui avait dit contre Étienne. Mais enfin cet homme avait tiré sur le fils de son seigneur, et quoique M. de Barbezieux ne fût pas fort édifié sur le compte du chevalier, il ne pouvait s'opposer à un prompt et terrible exemple. Le cas était clair, il avait eu cent témoins : le bailli expédia tout en forme. Étienne fut condamné à être pendu à trois jours de là devant la porte du parc, à l'ancienne place du gibet seigneurial, qu'on n'avait pas élevé depuis deux cents ans.

Il se trouva que M. le chevalier n'avait qu'un bras cassé ; on fit venir un chirurgien qui réussit à le lui raccommoder fort mal, si bien qu'on vit bientôt qu'il en demeurerait estropié pour la vie. Il s'ensuivit, tant de la blessure que de l'opération, une forte fièvre qui mit le chevalier fort bas durant vingt-quatre heures, après quoi tout alla de mieux en mieux. Thérèse avait disparu de la maison sans qu'on pût savoir ce qu'elle était devenue. Les uns disaient qu'elle était folle, d'autres qu'elle s'était jetée à l'eau. Ce dernier bruit s'accrédita.

Par je ne sais quelles précautions du bailli, M. de Barbezieux se trouva resserré chez lui et gardé à vue pendant les trois jours qui devaient précéder la mort d'Étienne. Le concierge avait l'ordre de ne laisser monter personne sans avertissements ; les gardes veillaient dans les avenues, et s'ils repoussèrent quelqu'un, ils en gardèrent bien le secret.

Enfin, le jour fatal arriva. Vous vous figurez la consternation du pays sur un tel événement et un tel coupable. Le vieux seigneur, faible et sensible, ne put pourtant consentir à demeurer chez lui dans cette cruelle matinée. Il prétexta une partie de chasse et sortit du château dès le point du jour.

Il n'avait avec lui que ses rabatteurs et son piqueur, un brave homme, à cheval comme lui, et qui n'était pas fâché non plus du prétexte, pour s'éloigner de l'exécution. M. de Barbezieux, ordinairement bavard et animé à la chasse, ne l'était guère en ce moment ; il était surtout importuné du bruit sinistre des cloches qui le poursuivaient dans les bois et qui sonnaient le glas des morts depuis le lever de l'aube.

— Écartons-nous, dit-il au piqueur, ce bruit de cloches me fend le cœur.

Il piqua son cheval ; mais aussitôt une sorte de spectre échevelé, couvert de lambeaux, s'élança d'entre les arbres et courut à lui en jetant des cris. Cette femme vint se jeter à genoux sous les pieds du cheval effarouché.

—Je suis la fille d'Étienne ! s'écria-t-elle. M. de Barbezieux, qui l'avait crue morte, frémit jusque dans la moelle des os. Il se remit en écoutant cette malheureuse ; puis tout à coup les hommes qui étaient présents et que la frayeur avait retenus plus loin, le virent descendre, relever la pauvre fille, prendre des papiers

qu'elle lui offrait, y jeter les yeux et revenir vers eux
en pleurant comme un enfant. Il dit quelques mots à
l'oreille du piqueur, qui partit à bride abattue.

Mais le bailli avait si bien pris ses mesures qu'il
avait fait avancer l'exécution de trois grandes heures ;
le motif n'en était autre que la prétendue chasse
de M. de Barbezieux. Les amis, les parents d'Étienne,
et ils étaient en grand nombre, s'étaient enfermés chez
eux, livrés à la honte et au désespoir, et soupçonnant
là-dessous quelque invention diabolique, à cause des
bruits qui avaient couru sur Thérèse et les visites
mystérieuses qu'on prétendait avoir surprises. D'autres
s'étaient fait un devoir cruel d'assister le pauvre Étienne
jusqu'au dernier moment, comme ils l'auraient conduit
au cimetière. Enfin, soit curiosité, compassion ou grossière avidité d'un pareil spectacle, la foule s'était amassée dès le matin à la porte du parc. On était venu de
cinq lieues à la ronde, et ce n'étaient qu'allées et
venues du lieu de la potence à la basse porte de la
prison.

A huit heures, cette porte s'ouvrit ; quelques gardes
de la maréchaussée, le bailli, son greffier, son tambour
parurent, formant cortége. Étienne était au milieu
d'eux, les mains liées comme un scélérat, ce qui

choqua beaucoup. Il était pâle, abattu, mais calme,
l'œil net, le front haut, et les gens qui le connaissaient
disaient qu'il devait songer à sa fille. C'était lui qu
était obligé d'encourager à chaque pas M. le Curé, qu
ne faisait que sangloter ; et quand il levait les yeux
sur un visage de connaissance, il lui faisait un triste
adieu de la tête.

La foule se repliait derrière lui, en sorte que tous
les spectateurs grossirent le cortége jusqu'au lieu du
supplice. Incontinent, le ban fut battu par le tambou-
rin, le greffier lit la sentence, Étienne embrasse le
bon curé qui n'en pouvait plus; mais on entend des
cris...

Ici la scène du *Déserteur*, si vous connaissez le
Déserteur, interrompit M. B***, à moins que vous ne
préfériez *Barbe-Bleue*... Un cavalier s'approchait
ventre à terre ; il s'arrête en faisant des signes de la
main, il descend, dit quelques mots au sergent; on
détache les mains d'Étienne, et l'on met les menottes
à M. le bailli. La foule, sans savoir de quoi il s'a-
git, pousse un long cri de joie; cela devait être. On
trépigne, on s'embrasse, et l'on suit le patient
et le bailli qu'on ramenait au château, l'un derrière
l'autre.

Bientôt on est instruit; l'abomination découverte court de bouche en bouche avec tous ses détails. Étienne reparaît au milieu des siens : on l'entoure, on l'embrasse : il n'était pas un de ceux qui l'allaient voir pendre, qui l'eût cru coupable un moment. Le délire de la joie et de la surprise était si grand, qu'on se mit, séance tenante, à former des danses sous les fenêtres du château. Or, voici cependant ce qui se passait dans le logis. L'affaire étant éclaircie en quelques paroles, rien n'était plus aisé que de surseoir d'abord et de faire ensuite casser la sentence; M. de Barbezieux renvoya Étienne, comme on a vu, en se chargeant de mettre fin à tout cela. Toutefois, il interrogea le valet de chambre de son fils, s'instruisit des derniers détails de l'intrigue, et y trouva la parfaite confirmation des rapports de Thérèse et de l'innocence de son fermier. Frémissant alors de l'iniquité qui aurait pu se consommer en son nom, et s'échauffant là-dessus, comme il arrive aux gens faibles, il prit une résolution violente. Il mit Thérèse dans les mains des femmes du château afin qu'on réparât l'affreux désordre de ses vêtements, et même il voulut qu'on la *fît belle,* ce qui fut aisé avec les nippes qu'avait laissées madame de Barbezieux et la bonne volonté des femmes en pareil cas.

Thérèse, après avoir embrassé son père, sûre de l'avoir sauvé, ivre de joie, se laissait faire docilement sans trop savoir ce qu'on voulait d'elle. M. de Barbezieux vint la prendre, lui donna respectueusement la main, la laissa dans une pièce qui précédait la chambre de son fils, et pénétra seul chez le malade ; il le trouva dans un grand fauteuil, enveloppé dans sa robe de chambre et causant amicalement avec M. le curé, qui l'avait rarement quitté depuis l'accident, et qui probablement lui venait de conter le grand événement de la journée.

— Vous n'êtes point de trop, M. le curé, dit le vieux seigneur en entrant ; puis, s'adressant à son fils : Eh bien, monsieur, j'apprends votre histoire, et pourquoi ce malheureux Étienne a tiré sur vous. Vous ne m'avez laissé que le temps de punir un scélérat et de sauver un honnête homme de la potence.

— Vraiment, mon père, j'en suis charmé, je le disais tout à l'heure à M. le curé, c'est un fort brave homme, et j'aurais...

— Et vous avez poussé les choses jusque-là sans m'avertir ! vous m'avez dupé avec un scélérat ! Vous auriez laissé périr ce brave homme du dernier supplice, chargé de l'exécration publique !

— Vous savez, mon père, dans quel état j'étais. Ce bailli s'est bien pressé ; mon intention...

— Monsieur ! interrompit sévèrement M. de Barbezieux, de si grands maux exigent de grandes réparations ; vous avez poursuivi de vos séductions une honnête fille, vous l'avez compromise, vous l'avez ruinée : il faut que vous l'épousiez.

— Ah ! pour le coup, Monsieur, dit le chevalier en riant, permettez, malgré le respect que je vous dois...

— Et qui voulez-vous qui l'épouse, si ce n'est vous ?

— Je suppose que vous voulez plaisanter ; je ne puis croire qu'il soit autrement question de me donner pour femme, à moi, la fille d'un laboureur.

— Je ne plaisante point, et vous l'épouserez, et je l'ai résolu. — N'avez-vous pas osé dire que vous l'aimiez ?

— Je ne m'en dédis pas ; mais avec le nom que j'ai l'honneur de porter...

— Avec le nom que vous avez l'honneur de porter, mais qui n'a nul honneur d'être porté par vous, sauf meilleur avis, et ne vous déplaise ! corbleu ! Monsieur, quand je veux bien déroger, moi, votre père, capitaine

de frégate au service du roi de France, il me semble
que vous n'avez rien à dire, et vous pouvez bien
passer par la même porte sans vous baisser. Mais voilà
comme il en va de nos petits messieurs ; ils sont tout
feu et tout flamme pour le bonheur de l'humanité ; ils
ne prêchent que l'affranchissement des peuples et la
destruction des préjugés : plus de rang, plus d'obéis-
sance, plus de respect ! Mais sitôt qu'il s'agit de donner
la main à un honnête homme en veste, prrrr ! mes philosophes se rengorgent et font la pirouette. Je dis honnête
homme, entendez-vous ; or celui-ci compte trente-six
quartiers de cette noblesse, et je doute qu'il y ait beaucoup de vos fracs gorge-de-pigeon qui recouvrent des
cœurs comme le sien.

— Honnête homme tant qu'il vous plaira, mon père,
mais encore est-il des convenances...

— Fi de vos convenances, qui ne sont que l'excuse
d'une sotte vanité en face du vrai mérite, de la vraie
vertu !

M. de Barbezieux, échauffé, s'était monté à des
éclats de voix qui firent retentir cette dure réplique ;
le chevalier, poussé à bout, lui répondit sur le même
ton.

— Eh bien ! Monsieur, puisque vous prenez la chose

sur ce pied, il faut bien vous dire que je n'y consentirai
jamais.

— Eh bien! Monsieur, je vous ferai voir que je suis
le maître, et que je vous épargnais à grand tort des
châtiments que vous n'avez que trop mérités. Je ne
vous reconnais plus pour mon fils, je vous raye de ma
famille, je vous ôte mes biens, je vous chasse de ma
maison comme un homme qui en a souillé l'honneur
et qui a fait un faux...

Comme M. de Barbezieux tirait avec fureur un papier de sa poche, la porte s'ouvrit, et Thérèse vint
tomber à ses pieds, les mains suppliantes, les yeux en
pleurs.

— Monseigneur, au nom du ciel, au nom de mon
père, à qui vous avez sauvé la vie, je vous supplie de
ne point diminuer le mérite de votre action généreuse
par tant de sévérité envers votre fils. Dieu m'est témoin
que j'aurais gardé ce secret et ces papiers s'il n'eût
fallu délivrer mon père. Je savais bien que cette
promesse de mariage n'était qu'un jeu. Le ciel me
préserve d'y avoir osé penser. Mon père m'est rendu,
nous travaillerons, c'est tout ce que je demande.
Je vous supplie de me rendre ce papier, qui m'appar-
tient.

M. de Barbezieux, ému jusqu'au fond du cœur, lui abandonna ce papier qu'elle avait saisi ; elle ne l'eut pas plutôt entre les mains qu'elle le déchira en mille pièces. Le bon curé tressaillit.

— Que faites-vous ? dit M. de Barbezieux en la voulant retenir ; mais Thérèse, les yeux brillants, le teint animé et, grâce à ses nouveaux habits, dans tout l'éclat de sa beauté et de sa vertu, les rendait muets d'admiration.

— Je ne suis qu'une pauvre fille, la fille d'un paysan. Ma condition ne peut que me faire rougir de l'honneur dont vous parlez. Laissez-moi rentrer chez mon père, nous aurons bientôt réparé nos malheurs, et si vous voulez absolument ajouter à vos bienfaits pour la pauvre Thérèse, je vous prie de rendre votre tendresse à M. le chevalier. Voulez-vous empoisonner la vie que vous nous rendez par le remords de vous avoir désunis ? Monseigneur ! vous m'avez accordé la grâce de mon père, me refuserez-vous celle de votre fils ?

M. de Barbezieux, suffoqué par les larmes, se tourna vers son fils.

— Rougissez, Monsieur ! vous vous laissez vaincre par cette enfant.

— Il est vrai, s'écria le chevalier en se levant, je ne

puis que céder à l'admirable générosité de Thérèse, mais je tâcherai du moins de m'en rendre digne.

Puis, courant à elle, malgré sa blessure :

— Thérèse, vous connaissez mes sentiments, mais je ne méritais pas que vous y crussiez ; ils sont pourtant sincères. Mon cœur parlait pour vous follement, mais je ne saurais mieux choisir en vous prenant pour femme. Relevez-vous, Thérèse, c'est à moi de vous demander votre consentement, car j'ai trop mérité que vous le refusiez.

— Bravo, chevalier, dit le père, je vous reconnais à présent.

— A moins, reprit le chevalier avec grâce, que vous n'ayez quelque répugnance à vous charger d'un époux qui ne sera plus, je crois, qu'un pauvre estropié de ce maudit bras.

M. de Barbezieux serra son fils contre lui. Thérèse, tremblante et les yeux baissés, ne pouvait répondre : un rouge vif colorait son visage, qui se couvrait ensuite de pâleur. Le curé s'approcha, prit les mains des jeunes gens.

— Allons, mes enfants, dit-il à phrases entrecoupées, c'est Dieu lui-même qui vous unit, que son saint cœur soit béni.

Et il mit leurs mains l'une dans l'autre. Étienne entrait à ce moment-là. Je vous laisse à deviner la scène, sur laquelle on eût insisté de mon temps. M. de Barbezieux, M. le curé accoururent bientôt sur le perron, annoncer aux paysans le prochain mariage qui s'était résolu. Nouveaux transports, nouveaux cris, après le premier étonnement toutefois. On n'en dansa que plus fort, par avant-goût de la noce.

On dressa des tables par ordre du maître, et la journée s'acheva dans les réjouissances.

— Et le bailli? dit l'un de nous.

— Le bailli fut dépêché dans une forteresse pour y méditer à loisir et s'exciter à repentance sur la grande grâce qu'on lui faisait. Et vous conviendrez qu'en effet c'était en user doucement. Il fut délivré lors de la prise de la Bastille, et porté en triomphe comme une victime du despotisme. Je n'oublierai point de vous dire qu'il devint un jacobin fougueux, un tueur de prêtres et d'aristocrates, moyennant quoi il fit fortune; et j'ajouterai, comme les gens de mon pays, en finissant :

> Je passe par un pré
> Mon conte est achevé.

— Il est joli, reprit un autre auditeur avec malice;

mais je vous dirai, moi, comme le géomètre qui venait d'entendre *Athalie* : Qu'est-ce que cela prouve?

— Vous êtes un traître, reprit en riant notre vieil ami, car c'est vous qui m'avez poussé dans ce mauvais pas. Mon conte ne prouve rien en faveur de ce que j'ai dit, et je ne m'y attendais que trop; mais je n'en demeure pas moins assuré dans mon opinion.

FIN

TABLE

CLICHY.—Impr. Maurice Loignon et Cie, rue du Bac-d'Asnières, 12.